LO RINDO
TODO

LO RINDO
TODO

PRISCILLA SHIRER

ESPAÑOL®
BRENTWOOD, TENNESSEE

Lo rindo todo

Copyright © 2025 por Priscilla Shirer
Todos los derechos reservados.
Derechos internacionales registrados.

B&H Publishing Group
Brentwood TN, 37027

Diseño de portada e ilustración: Rafael Nobre,
Good Illustration LTD. Foto de la autora: Kariss Faris.

Clasificación decimal Dewey: 248.84
Clasifíquese: DISCIPULADO \ VIDA CRISTIANA \
REGENERACIÓN (CRISTIANISMO)

ISBN: 979-8-3845-2342-0

Impreso en EE. UU.
1 2 3 4 5 * 28 27 26 25

A John y Trina Jenkins

Gracias por ser Sus discípulos
y por guiarnos en el discipulado.
Estamos eternamente agradecidos.

Contenido

Todo o nada

Hace muchos años viajé desde mi hogar, en el centro de Texas, hasta el norte del estado de Connecticut para hablar en una conferencia. La verdad es que no recuerdo mucho sobre el evento en sí mismo. De ese viaje han pasado más de veinte años. Pero lo que sí recuerdo con mucha claridad es el lugar donde me hospedé.

Ya verás por qué.

Éramos cuatro expositores ese fin de semana y mientras esperábamos en la zona donde se recogen las maletas del aeropuerto llegó una camioneta para recogernos y llevarnos a nuestro alojamiento. Estaba nevando un poco cuando un miembro del comité de la conferencia bajó para saludarnos y darnos la bienvenida a la ciudad. Después de que pusimos nuestras maletas dentro del vehículo y cada uno de nosotros tomó sus asientos, volteó hacia nosotros y nos dijo hacia dónde nos dirigíamos.

Con entusiasmo nos comentó que, en lugar de un hotel, una residente local que era parte de la junta directiva de la organización había accedido generosamente a recibirnos en su casa.

Hmm. Esto era diferente. Pero bueno, estaba bien. Durante los veinte minutos que duró el traslado desde el aeropuerto, conversamos entre nosotros con entusiasmo, mientras que nuestra anfitriona nos deleitaba con descripciones de lo increíble que era esta casa. Sin embargo, cuando doblamos la última curva y la vimos con nuestros propios ojos, nos quedamos boquiabiertos. Las miradas de asombro se cruzaron entre nosotros por un momento, como si en esta última curva del camino hubiéramos dejado atrás el mundo real y hubiéramos sido escoltados hacia un cuento de hadas.

Ante nosotros se extendía una vasta finca rodeada de imponentes árboles con arbustos meticulosamente podados que bordeaban la entrada, espolvoreados por la nieve. La casa en sí era... bueno, dijeron que no nos quedaríamos en un hotel, pero esta mansión de tres pisos parecía tan grande y lujosa como cualquier otra propiedad de cinco estrellas que hubiera vista alguna vez en mi vida.

Mientras que seguíamos tratando de asimilar el espectáculo, nuestra camioneta se detuvo en la entrada de coches circular. Debajo de un pórtico sostenido por grandes pilares de mármol estaba la dueña de la casa. Estaba esperándonos en la puerta para darnos la bienvenida. Los cuatro intercambiamos miradas y contuvimos nuestras sonrisas dentro de la camioneta antes de salir, no podíamos creer que nos quedaríamos aquí, en esta hermosa casa que realmente superaba nuestras expectativas.

La mujer que nos esperaba era increíblemente amable y acogedora. Era muy cálida, humilde y entrañable, tanto como el lugar tan maravilloso que nos rodeaba. Nos dio un abrazo muy sincero a cada uno mientras bajábamos de la camioneta y luego nos ayudó a llevar nuestras cosas adentro. *Adentro.*

Casi dos mil metros cuadrados se abrían ante nosotros como el sol rompiendo en el horizonte en un día fresco de verano. El «coro del Aleluya» cantado por una multitud de ángeles resonaba a nuestro alrededor. (¿O eso estaba solo en mi cabeza?). Impecable. Refinado. Suntuoso. Perfecto. No teníamos claro qué es lo que debíamos hacer, pero mientras estábamos juntos mirando boquiabiertos a través de la puerta principal, nuestra anfitriona nos dio las primeras instrucciones. Nos preguntó si estaríamos dispuestos, antes de seguir entrando en la casa, a quitarnos los zapatos.

Claro, por supuesto. Es decir, si viviera en un lugar tan impecable e inmaculado como este, probablemente también le pediría a la gente que no se paseara por mi casa con sus zapatos sucios. Pero tan pronto nos llevó un poco más adelante, nos preguntó si podríamos evitar caminar sobre la alfombra europea tejida a mano que estaba en el suelo de la entrada. Nos explicó que este tapiz, un diseño único en su tipo, había sido importado de una provincia remota y que no permitía que ni su familia ni sus invitados caminaran sobre él, nunca.

Una alfombra. En el medio del camino. Que nadie pisaba.

Así que fuimos obedientes y caminamos con dificultad por los bordes, teniendo cuidado de mantener nuestros movimientos sobre el piso de madera que nos daba solo un margen estrecho para movernos. Pronto llegamos a otra habitación, la sala de estar era igual de amplia, sus ventanas iban desde el piso al techo y nos daba una vista majestuosa de la parte de atrás de la casa. Un poco más allá se conectaba con un pasillo que tenía su propio ascensor para llevar a las personas arriba y abajo de los tres niveles de la casa.

Con solo presionar un botón, las puertas se abrieron y la mujer nos hizo señas para que entráramos. Pero con cuidado, por favor. Cuando entramos con nuestras maletas, nos contó sobre las tablas de madera brillantes que habían sido elaboradamente talladas, las mismas que rodeaban el interior de la cabina del ascensor. Esta madera, igual que la alfombra, había sido enviada desde la India mientras se construía la casa y le complacía compartir que hasta ahora había logrado evitar que se astillara o dañara. Nos pidió que fuéramos cuidadosos con nuestro equipaje para que no raspara las paredes.

Imagínate con qué fuerza sosteníamos nuestros bolsos y maletas de mano y colocábamos nuestras pertenencias debajo de los brazos mientras se abría la puerta del tercer nivel. Salimos con mucho cuidado en una fila india ordenada.

Aquí es donde nos alojaríamos y dormiríamos durante el fin de semana, cada uno de nosotros en nuestro propio dormitorio principal que contenía una cama tamaño *king*, sala de estar y baño privado. Dejé con cuidado mi maleta en el suelo mientras nuestra anfitriona le mostraba a los demás sus habitaciones. Cuando estaba a punto de sentarme en la cama apareció de nuevo y me dijo: «Oh, disculpa, antes de que te sientes, ¿me permites doblar el edredón que está en la cama? En realidad, no dormimos con ellos. Son solo para la decoración». De hecho, mientras pronunciaba estas palabras, ya estaba recogiendo el edredón, que luego dobló y guardó con mucho cuidado dentro del armario, repitiendo el proceso con todos los demás.

¡Uff! Lo habíamos logrado. Desde la entrada hasta nuestros grandes dormitorios, sin tocar nada ni echar a perder nada y caminando con calcetines en nuestros pies. Aliviada por esto, creo, nuestra amable anfitriona se dirigió elegantemente hacia nosotros, nos agradeció de nuevo por estar ahí y dijo:

«¡Siéntanse como en casa!».

¡Qué ironía! ¿Sentirnos como en casa? ¿Aquí? ¿De verdad? ¿En un lugar en el que no podemos usar zapatos? ¿No podemos pisar las alfombras? ¿Los adornos no se pueden tocar? ¿No podemos entrar a ciertas habitaciones? ¿No podemos apoyarnos en las paredes? ¿Y los edredones no pueden calentarnos?

Ella había sido muy amable al permitirnos quedarnos aquí y todos estábamos muy agradecidos por su genuina hospitalidad. De hecho, la calidez que había visto en sus ojos y en su corazón me hizo sentir un afecto instantáneo por ella. Todos habíamos sentido lo mismo. Pero su invitación a que «nos sintiéramos como en casa» no era una oferta que realmente pudiéramos tomar en serio. Porque, seamos honestas, claramente no quería que nos sintiéramos *demasiado* en casa. Había límites y restricciones claras, ciertas áreas y ciertos tesoros que sabíamos que no podíamos tocar.

¿Nos invitas a entrar? Sí.

¿Nos das acceso sin límites a todo? De ninguna manera.

Muchas de nosotras, como creyentes en Cristo, somos conocidas por tratar a nuestro Salvador de la misma manera. Lo hemos invitado a entrar. Estamos contentos de que Él esté aquí. Nos gusta tenerlo cerca y nos gusta considerarlo un amigo. Disfrutamos de Su compañía, tanto es así que le damos un lugar especial en nuestro corazón donde Él puede quedarse. Le hemos dicho, en esencia, «Salvador, dentro de mí puedes sentirte como en casa», pero lo que realmente queremos decir es: «Salvador, eres bienvenido solo en *algunos* lugares». Le dejamos estar dentro con ciertos límites y le damos entrada a ciertas áreas generales. Pero hay otros espacios de nuestras vidas a los que no tenemos intención de darle acceso sin restricciones y hay tesoros dentro que realmente no queremos que perturbe.

- Ambiciones que Él no tiene permitido tocar.
- Alternativas de entretenimiento que no se le permite anular.
- Comodidades que apreciamos en las que Él no tiene permitido influir.
- Opiniones y perspectivas que Él no tiene permitido cambiar.
- Tradiciones familiares que Él no tiene permitido refutar.
- Relaciones que Él no tiene permitido deshacer.
- Actitudes que Él no tiene permitido cambiar.
- Temas que Él no tiene permitido abordar.
- Sueños que Él no tiene permitido desafiar.
- Expectativas que Él no tiene permitido ajustar.
- Prioridades financieras que Él no tiene permitido guiar.
- Objetivos profesionales que Él no tiene permitido alterar.

Tenemos miedo de perturbar nuestra forma preferida de vivir, al darle acceso completo a toda nuestra vida. Tenemos temor al creer que Su toque intrusivo pueda desordenar la vida que hemos construido o estamos tratando de construir. Nos incomoda pensar que Él podría pasearse en nuestro interior, prestando atención a lugares que hemos ocultado intencionalmente de otros. Evitamos la obra que Él podría pedir de nosotras si encuentra algo que necesita ajuste o renovación, o inclusive una revisión completa. No queremos que Su mirada purificadora que nos da convicción deambule con libertad en la intimidad de nuestros corazones, nuestras mentes, nuestras emociones y nuestras acciones. Así que, en esencia, le decimos...

Entra como *Salvador*.

Pero no como *Señor*.

Aquí yace la delgada línea de demarcación que distingue al *creyente* del *discípulo*. La vida *salvada* de la vida *rendida*. Comenzamos creyendo: nos arrepentimos de nuestros pecados, recibimos Su perdón. Le damos la bienvenida y lo invitamos a entrar. La salvación ocurre en ese momento. Pero ser Su discípulo es el camino que luego empezamos a recorrer. Todos los días. Por el resto de nuestras vidas. Es el único camino, el camino angosto, que nos lleva a donde realmente queremos ir.

La mujer que es discípula ha elegido rendirlo todo. Para renunciar al control. Dar acceso sin obstáculos a cada parte de su vida, por completo, a Aquel que pagó el precio exorbitante para redimir su vida en primer lugar. Para el discípulo, Cristo no es un visitante que se mantiene a un metro distancia de forma prudente y que entra con restricciones, atendiendo a sus demandas. Por el contrario es un

Gobernante que tiene plena autoridad para reorientar la vida del discípulo para que se alinee con Sus propósitos, tanto para ella como para Su gloria.

Él es el constructor de esta casa y la piedra angular principal. La discípula reconoce que Él es el verdadero Dueño y ella es su asistente. Él es el Hacedor de esta relación. Él es el Amante de su alma, cuyo deseo es convertir la vida que ella vive en algo que Él pueda trabajar y usar para tener un impacto profundo y transformador en su mundo, para Su reino. A veces le preocupa el alto costo de una vida como esta. En diferentes temporadas ha tenido ganas de huir de ella y de luchar duro contra ella. Pero, para su propio gozo, ha descubierto que no quiere retroceder ni volver atrás. Porque ninguna otra vida puede igualar la vida del discípulo.

La vida rendida.

Así que continúa rindiéndolo todo a Él. Incluso las partes que más atesora. Cada mañana ella le entrega todo su ser, cada área, cada elemento de lo que la Biblia llama su «vida cotidiana y ordinaria: su descanso, su alimentación, su trabajo y su caminar». Lo coloca delante de Dios «como un sacrificio vivo». Ha aprendido, como tantos otros, a no «adaptarse a su cultura para encajar en ella sin siquiera pensarlo. En lugar de eso, ha fijado su atención en Dios. Así será cambiada de adentro hacia afuera. Ha reconocido con facilidad lo que Él quiere de ella y responde con rapidez a eso. A diferencia de la cultura que la rodea, que siempre la arrastra a su nivel de inmadurez, Dios saca lo mejor de ella, desarrolla en ella una madurez bien formada» (Ro. 12:1-2, traducción de la paráfrasis en inglés, *The Message*).

Sus ojos están fijos en Jesús. La cultura no es su autoridad. *Él lo* es. Porque ella es Su discípula.

~

La idea de ser un discípulo ya existía en el mundo antiguo antes de que Jesús llegara. A lo largo del Antiguo Testamento, en la sociedad judía antigua, la importancia y las implicaciones del discipulado se transmitieron al pueblo de Dios, aunque la palabra en sí misma no se utilizaba. Se les ordenaba «que [anden] en sus caminos» (Dt. 30:16), «[serán] santos, porque yo soy santo» (Lv. 11:44) y con frecuencia se les advertía que no moldearan sus vidas según las deidades paganas ni que les confiaran su lealtad. El término *discípulo* se usó por primera vez para describir a los estudiantes de filósofos griegos como Aristóteles y Platón, que buscaban revolucionar la cultura que los rodeaba, incluida la cultura judía, con el pensamiento y la influencia griega.

Estos filósofos sabían que sus alumnos nunca podrían captar la profundidad de la percepción necesaria para cambiar a toda una civilización solo mediante el entrenamiento intelectual. Cultivar estudiantes *capacitados* no era su objetivo final. Querían mucho más que la iluminación mental. Querían que sus alumnos absorbieran esta nueva forma de vida con tanta profundidad en ellos que terminara por transformar la forma en la que pensaban y vivían toda su vida.

- La forma en la que trabajaban.
- Las perspectivas políticas que sostenían.
- La astucia financiera que usaban.
- La estructura familiar que construían.
- Las alternativas de entretenimiento que disfrutaban.
- Las palabras que intercambiaban.
- Las prioridades que perseguían.
- La educación que valoraban.
- Las disciplinas que practicaban.

Así que los estudiantes de filosofía griega se convirtieron en «discípulos», aprendices que se sumergieron por completo no solo en escuchar lo que se les enseñaba, sino también en observar a quién les enseñaba. Así que entretejieron sus vidas a la de su maestro y lo dejaron todo para seguirlo. Lo siguieron hasta su hogar. Observaban cómo interactuaba con los demás y cómo gobernaba su comportamiento en las esferas pública y privada. Observaron y absorbieron sus hábitos y disciplinas, con el único objetivo de replicar la vida de su mentor y hacer suyo el carácter y el ritmo de su vida. Su objetivo no era simplemente aprender cosas y construir una base de conocimiento, sino convertirse en una copia completamente formada de su maestro, no solo al abrazar sus ideas, sino al identificarse con él e imitarlo en todos los sentidos, en todos los aspectos de sus vidas.

Este libro que estás leyendo es un llamado, una invitación, a ese tipo de relación radical con Jesús. A ser Su discípula. Ser una verdadera seguidora. Convertirse en una copia completamente formada del Maestro.

Esta búsqueda *incluye* ser una estudiante, por supuesto, aprender sobre Él a través de Su Palabra para que nuestras mentes sean renovadas y moldeadas por la verdad. Pero es mucho más complicado que eso: más íntimo, más integral, es más como un compromiso, en el que nos integramos por completo con Él. Tal como lo entendían los antiguos griegos, este tipo de relación no puede desarrollarse en una reunión de dos horas, una vez a la semana. No puede ser solo un asunto de domingo por la mañana. Es una vida entera, de domingo a sábado, entrega diaria y alineando todo lo que somos con todo lo que Él es, hasta que empezamos a parecernos exactamente a nuestro Maestro.

- En cómo hablamos.
- En cómo nos comportamos.
- En la sujeción que mostramos.
- En la humildad que transmitimos.
- En la bondad que compartimos.

- En las perspectivas que tenemos.
- En las decisiones que tomamos.
- En las prioridades que mantenemos.

Por favor, ten claro que si tienes una sensación de resistencia o duda a este tipo de entrega total, al auténtico discipulado, si sientes que es demasiado difícil, demasiado complicado, demasiado intrusivo o que te quitará demasiado el control de tu propia vida, no estás sola. Todo el ritmo y el patrón de este mundo, sin mencionar la naturaleza de nuestra carne, resiste la sumisión que requiere un seguimiento incondicional de Jesús. Pero en esencia, este estilo de vida no es una vida más complicada. Es una invitación para recibir el regalo de la simplicidad y la libertad.

No, no es fácil. De hecho, es costoso. Pero de alguna manera la gracia y la bondad de Dios han hecho que esta experiencia de discipulado sea liberadora y simple, causando que todas las partes de nuestras vidas se dirijan en una dirección. En Su dirección. Escúchalo susurrarle a tu duda: «Venid a mí todos los que estáis trabajados y cargados, y yo os haré descansar. Llevad mi yugo sobre vosotros, y aprended de mí, que soy manso y humilde de corazón; y hallaréis descanso para vuestras almas» (Mt. 11:28-29).

Reposo. Para tu alma.

Rindiéndote es la forma en la que finalmente lo encontrarás.

Creo que probablemente elegiste este libro porque, como yo, quieres experimentar la plenitud y la abundancia que nuestra fe está diseñada para ofrecer. Quieres más. Más paz, más equilibrio. Más poder, más ímpetu. Más impacto en las personas que te rodean. Más satisfacción, más contentamiento. Más esperanza, más gozo. Más amor que sale de ti, más amor que te sostiene. Más valor para seguir adelante.

La cultura a nuestro alrededor intentará convencerte de que la única forma de encontrar estas cosas es buscándolas en ellas directamente. Pero Jesús te dice que «todas estas cosas os serán añadidas» cuando te entregas por completo a hacer una sola cosa: «buscad primeramente el reino de Dios y su justicia» (Mt. 6:33). Como discípulos.

Jesús lo tiene todo.

Él lo tiene todo para darlo.

Pero primero, Él debe tener todo de ti.

Si hay una sola idea que espero que se quede grabada en nuestra mente mientras avanzamos por este viaje juntos, es «todo», es «absolutamente todo». *Lo rindo todo.* Toda la casa y todo lo que hay en ella. Porque *todo* es donde está la vida. *Todo* es donde está el significado. *Todo* es lo que Él requiere y *todo* es lo que Él merece.

Todas las cosas.

Todo.

Este libro tiene ocho capítulos y el título que le he puesto a cada uno de ellos gira en torno a la palabra «todo» de manera intencional. Lo he repetido y lo he resonado porque *todo*, en efecto, es el punto clave que exige la invitación al discipulado. Ten la expectativa de que sea un desafío, porque Jesús mismo dijo que lo sería.

> «Si alguno quiere venir en pos de mí, niéguese a sí mismo, y tome su cruz, y sígame» (Mt. 16:24).

Hay un «todo» y un «por completo» en lo que Él está diciendo.

> «Porque todo el que quiera salvar su vida, la perderá; y todo el que pierda su vida por causa de mí, la hallará. Porque ¿qué aprovechará al hombre, si ganare todo el mundo, y perdiere su alma?» (Mt. 16:25-26).

De modo que esto es serio. «Perder» tu vida, «entregar» tu vida completa, es una tarea enorme. Pero en realidad no lo es, si esta es la única forma de «encontrar» tu vida, es decir, tu satisfacción, plenitud y propósito.

Con el propósito de ayudarte a digerir e interiorizar lo que estás leyendo y para luego ser capaz de recordar lo que el Espíritu Santo te está enseñando, he incluido una sección al final de cada capítulo para que tú y tu Salvador hablen entre ustedes y saboreen una nueva profundidad en su relación. Está diseñada para ayudarte a procesar activamente lo que significa rendirte al Señor. Porque esta experiencia en la que nos estamos embarcando va a ser integral, no solo podemos leer sobre el tema. Tenemos que _hacer algo_ al respecto. Mejor dicho, necesitamos dejar que Él haga algo en nosotros. Debemos arrodillarnos ante Él, rindiéndonos a Él.

Cuando lleguemos al final del libro, le voy a pedir al Señor que alinee tu vida con la de alguien más, una seguidora de Jesús que sea espiritualmente madura, llena del Espíritu, sabia y compasiva, que pueda seguir caminando contigo, animándote, corrigiéndote, desafiándote. _Que te discipule._ De hecho, puedo imaginarme que si prestas atención cuidadosamente, descubrirás que ya hay alguien en tu esfera de influencia en este momento que ha tomado en serio Su mandato de «Id, y haced discípulos» (Mt. 28:19). Todos necesitamos de personas así en nuestra vida, de una manera personal e íntima, alguien que tome nuestra mano, camine con nosotras en gracia, nos anime a una madurez espiritual más profunda en las áreas prácticas de la vida y luego nos muestre cómo podemos convertirnos también en hacedoras de discípulos.

Así es como el cambio y la transformación empiezan a producirse, cuando caminamos con otros y cuando otros caminan con nosotros. Todos nosotros, trayendo todo lo que somos, en todas las cosas que Él quiere hacer a través de nosotros.

Así que aquí vamos. No podría estar más encantada de que estés aquí. Tomemos juntas Su mano, capítulo por capítulo, página por página, de un momento especial a otro y sigámoslo juntas.

Hasta el final.

Por completo.

Siempre.

Con todo lo que implica.

Lo rindo todo.

Capítulo 1

Todo lo que tienes

Y cuando trajeron a tierra las barcas,
dejándolo todo, le siguieron
Lucas 5:11.

La señora Wright era mi maestra de segundo grado, todos los días usaba lo mismo: una falda larga hasta los tobillos, ceñida a la cintura, con pliegues en la parte inferior. Todavía puedo oír el *sonido* de esa tela cuando pasaba por delante de nuestros escritorios repartiendo papeles.

Al parecer, solo tenía tres de esas faldas porque las rotaba de forma muy organizada como sus exámenes semanales de matemáticas. Tenía una en color crema, una azul marino y una negra, siempre las combinaba con blusas que le hicieran juego. Tenían un estampado muy lindo. Siempre bien abotonadas hasta arriba.

En cuanto al resto de su apariencia, tenía un cabello negro oscuro con rizos muy marcados por ruleros. Sin duda, ese peinado le tomaba una hora completa o más bajo un secador de pelo. Luego consolidaba su estilo conservador con una buena dosis de laca para el cabello que cubría cada mechón con una capa brillante.

Su maquillaje era suave, limpio, impecable, lo justo, no demasiado. Lo único atrevido era la forma en la que usaba el delineador en la punta del ojo, creando ese efecto de «ojo de gato».

Esa era la señora Wright de segundo grado. No puedo imaginarla de otra manera porque era la única forma en que siempre la he visto. Los recuerdos de mi mente de siete años nunca contemplaron a esta mujer haciendo otra cosa que no fuera enseñar en la escuela o existir en cualquier otro lugar que no fuera nuestro salón de clases. Esa era ella, en ese lugar y con ese estilo. Su vida no tenía otra dimensión. Mis amigos y yo, por otro lado, teníamos vidas plenas como personas normales. Íbamos a casa y hacíamos otras cosas, con otra ropa, alrededor de otras personas. Pero la señora Wright, no. Siempre con su larga falda hogareña de pliegues ceñida a la cintura. Para nosotros, su vida de maestra era la única realidad que tenía.

Es por eso que mi mundo se tambaleó una tarde calurosa de sábado en Texas, cuando acompañaba a mi madre a una tienda de comestibles. Estábamos haciendo la fila en la línea de la caja. Mientras examinaba las tentaciones prohibidas del estante de dulces, giré casualmente y al instante sentí que mi cuerpo se congelaba como una estatua. Mis ojos se abrieron de par en par y mi boca también.

La señora Wright estaba allí. En la tienda de comestibles. En un fin de semana. Su cabello no estaba recogido de forma rígida, sino que estaba suelto y relajado, cayendo encantadoramente alrededor de sus hombros. Su rostro era color rosa, natural, excepto por una pizca de brillo de labios, tal vez el más leve rastro de rubor. Y...

Espera. ¿Qué era esto? *¿Pantalones cortos? ¿Piernas?* ¿De dónde salieron esas piernas?

Me quedé perpleja. ¿La señora Wright tenía pantalones cortos? ¿Y rodillas? Y, al parecer, una familia. Ella y sus piernas desnudas estaban simplemente de pie allí en la caja registradora, completamente fuera de contexto, sin sus faldas, junto a un hombre que supuse que era su esposo y un niño pequeño que supuse que era su hijo.

La señora Wright tenía una... ¿vida?

Pensando en este incidente cuarenta años después, ni siquiera puedo recordar si hablé con ella o no. Estaba demasiado estupefacta para pronunciar una palabra humana (que para mí, incluso en ese tiempo, era decir bastante). Ese fue el día, *el primer día*, en que me di cuenta de que la señora Wright era más que una simple maestra. Era una mujer completa. Tenía una vida multidimensional. Era una esposa y una madre que compraba comestibles los sábados, probablemente iba a la iglesia los domingos, salía a caminar por su vecindario y salía a almorzar con sus amigos, además de enseñarle a los niñitos de segundo grado durante los días de semana. Estaba sumamente conmocionada.

¿Mencioné que tenía rodillas?

Hasta ese momento, si me hubieras preguntado: «Para ti, ¿quién es la señora Wright?», mi respuesta habría sido estrecha, simplista y unidimensional. Una maestra. Eso es todo. Mi resumen de su identidad la habría considerado mucho menos que la persona completa que era y que ahora podía ver y entender. Pero si la hubiera conocido mejor, si alguna vez la hubiera visto como algo más de lo que los otros niños y yo suponíamos que era por simple observación, habría cambiado algunas cosas. Limitarla a mi estrecha perspectiva, como una buena maestra, no la limitó; simplemente limitó mi relación con ella, cómo respondía a ella e interactuaba con ella.

$$\sim$$

En Lucas 9:20, Jesús preguntó a Sus discípulos: «¿Y vosotros, quién decís que soy?». Él estaba a solas con ellos, orando con ellos (tal vez orando *por* ellos), cuando se detuvo y les hizo esta pregunta y escuchó lo que le respondían.

Permíteme ponerte en contexto. Hasta este punto en su caminar con Él, Jesús ya había revelado mucho sobre quién era. Los primeros ocho capítulos del Evangelio de Lucas, que nos traen hasta este momento, proporcionan muchas explicaciones e implicaciones sobre la identidad plena de Jesús:

- El sorprendente anuncio de Su venida (capítulo 1).

- La naturaleza sobrenatural de Su nacimiento (capítulo 2).

- La confirmación de Su deidad como el Hijo de Dios (capítulo 3).

- La forma en la que frustró el intento del enemigo de descarrilar Su misión (capítulo 4).

- Los milagros que autentificaron que Él era el Mesías (capítulo 5).

- La evidente diferencia de Su enseñanza profunda (capítulo 6).

- La sorprendente demostración de Su compasión por los pecadores (capítulo 7).

- El poder de Su mandamiento sobre la creación y sobre el mal (capítulo 8).

Y estos son solo los puntos más emblemáticos. Toda esta sección de las Escrituras consolida la identidad de Jesús, repleta de pruebas convincentes y exhaustivas que declaran que Él es exactamente quien decía ser.

No era solo un bebé recién nacido. Él existía antes del inicio del tiempo, Él fue el Creador de Su propia madre.

No era solo un niño común y corriente que deambulaba por el templo. Él estaba «en casa» en la casa de Su Padre, atendiendo «los negocios de mi Padre» (Lc. 2:49).

Él no era solo un hombre que estaba siendo bautizado en el Jordán. Él fue Aquel sobre quien «descendió el

Espíritu Santo», cuyo Padre lo llamó desde el cielo: «Tú eres mi Hijo amado; en ti tengo complacencia» (Lc. 3:22).

Él no era simplemente alguien cuyo carácter perfecto atrajo la atención de Satanás para ser seducido a abandonar Su tarea ministerial. Él era Aquel sobre quien descansaba la redención de la humanidad, Aquel de quien los profetas dieron testimonio, el Ungido para «dar buenas nuevas a los pobres» y «pregonar libertad a los cautivos» (Lc. 4:18).

No era solo un espectador impotente que escuchaba y se sentía abrumado por la enfermedad y las carencias de la gente. Él era el arquitecto del universo, capaz de sanar y restaurar, de expulsar a los demonios de vuelta al infierno, de hacer que los vientos y las aguas obedecieran Su mandato al pronunciarlo (Lc. 8:25).

Él no era tan solo otro líder religioso, un simple maestro, que buscaba explicar la ley y ciertamente no estaba allí para usar Su conocimiento de lo sagrado con fines farisaicos, como muchos lo hicieron. No, Él era el «Señor aun del día de reposo» (Lc. 6:5), el cumplimiento de la ley misma, declarando a todos los que quisieran escuchar que el reino de Dios podía ser suyo.

Así que cuando les preguntó a Sus discípulos: «¿Y vosotros, quién decís que soy?», en Lucas 9, ellos ya habían sido testigos de muchas muestras sorprendentes de Su identidad en los capítulos 1-8. *Entonces* Jesús preguntó. Y la respuesta que dieron formó la base sobre la cual descansa todo el asunto del discipulado.

¿Quién *es* Jesús?

Solo cuando tenemos una visión completa y precisa de Su identidad: Su deidad, Su santidad, Su autoridad, Su singularidad; solo entonces estamos dispuestos, incluso ansiosos de rendirnos completamente a Él. Si la imagen que tenemos de Él está distorsionada o reducida, si es impotente o anémica, si pensamos menos de Él de lo que realmente es, le negaremos la devoción que legítimamente le pertenece. Buscaremos una mejor alternativa cuando hayamos sido heridos por la iglesia o decepcionados por uno de sus líderes o cuando estemos lidiando con problemas de fe en medio de los momentos difíciles de la vida. Pensaremos que *nosotros* somos nuestra mejor alternativa, que solo podemos confiar en *nosotros* para velar por nuestro propio bienestar.

Si para nosotros Jesús es una caricatura religiosa estrecha y unidimensional que hemos relegado a la parte de la «escuela dominical» de nuestras vidas, tiene sentido que nos abstengamos de Él. ¿Por qué una persona elegiría atar su vida a alguien en quien no confía por completo? ¿Por qué alguien le rendiría su futuro a alguien en quien no confía? ¿Por qué alguien renunciaría a tener el control para dárselo a un Dios de quien realmente no cree que sea soberano, omnisciente, todopoderoso y bueno? Si creemos que Él es menos de lo que necesitamos que sea nuestro Señor, entonces Él no tiene la credibilidad para llamar toda nuestra atención, para que valga la pena arriesgar nuestras vidas.

Lo que estoy diciendo es esto: si tú y yo estamos luchando por rendirlo todo a Jesús, lo más probable es que esté relacionado con cuánto valoramos Su identidad. No lo estamos viendo como realmente es. Lo estamos confinando a la iglesia o a la Navidad o a las palabras espirituales que se supone que debemos decir.

Si solo le estamos dando las partes que creemos que nos sobran, es porque lo hemos relegado a una existencia unidimensional, como la Sra. Wright en el salón de clases.

Lo hemos limitado a los pocos lugares donde creemos que pertenece.

Lo hemos hecho demasiado pequeño para que lo sigamos, demasiado pequeño para nuestra entrega completa.

Porque, ¿quién entregaría su vida a alguien que es simplemente «un buen maestro»?

Durante el ministerio terrenal de Jesús, la mayoría de las personas nunca pensaron en seguirlo de la manera en que lo hicieron los doce discípulos. Esto se debe a que la mayoría de las personas, en su mayor parte, nunca pudieron dejar de pensar en Él principalmente como un maestro, una versión elevada de «Juan el Bautista» o «Elías» o «algún profeta de los antiguos» que «ha resucitado» (Lc. 9:19).

Si Jesús hubiera sido solo eso, tan solo un buen maestro, ser mencionado junto a estos grandes podría haber sido visto como un elogio de alto nivel. Pero la comparación de Jesús incluso con estos ilustres hombres de fe no era menos que una ofensa. No era un hombre al nivel de los profetas reconocidos del pasado. Él no había venido solo para enseñar sobre el reino de los cielos, sino para inaugurarlo, para cumplirlo, para ser nuestro Redentor soberano, el Hijo de Dios que vive y muere. Es posible que las multitudes lo hayan respetado. Es posible que se sintieran fascinadas por Él. Pero la imagen diluida de Su identidad siempre les impediría caminar en comunión estrecha y cerca de Jesús. En contraste, Pedro y los otros discípulos sabían que Él era quien realmente decía ser: la Deidad, el Santísimo, imposible de ser comparado o de tener un equivalente.

¿El resultado? Ellos lo siguieron.

Incluso mientras escribo esto, la convicción penetrante pero apacible del Espíritu Santo me renueva. He pasado por muchas etapas de la vida en las que, mirando hacia atrás ahora, puedo ver que percibí al Señor de forma equivocada. Lo veía como pequeño, frágil, distante y limitado. Nunca lo habría admitido, en gran parte porque no me di cuenta. Pero la indecisión con la que confiaba en Él reveló esta verdad. Cada vez que me demoraba en dejar algo: un placer que deseaba, una posición que insistía en mantener, cada vez que me resistía a ir por cierto camino o a cambiar mi actitud o perspectiva mientras Su Palabra y Espíritu me dirigían, mi renuencia a obedecerle, a rendirle todo a

Él, estaba revelando algo más. Algo más. No creía que Él fuera lo suficientemente soberano como para confiarle el resultado de mi plenitud futura.

¿Te sientes identificada? Cada terco compromiso que hacemos con nuestros propios caminos y ambiciones, con nuestras propias elecciones, con nuestros propios deseos que han echado profundas raíces de autonomía personal e independencia, dice que pensamos más de nosotros mismos que de Él. Confiamos más en nosotros mismos. Confiamos más en nuestras ideas. Confiamos más en nuestros esfuerzos y logros. Tal vez confiamos más en otra persona. ¿Pero Jesús? ¿Podemos confiar en Él? Él puede ser mucho, pero no es suficiente, no si lo hemos diluido hasta convertirlo en un Maestro al que escuchamos, pero no a un Maestro al que nos sometemos completamente.

～⁓

Ninguno de nosotros llega naturalmente a este entendimiento integral y completo sobre quién es Jesús y a la completa entrega que requiere el discipulado.

Tampoco Simón Pedro.

Lo único que sabemos de Pedro, la primera vez que lo encontramos en las Escrituras (cuando se llamaba Simón), es que era un pescador experimentado. Pero incluso las personas con mucha experiencia en hacer algo pueden enfrentarse a situaciones que no tenían contempladas.

En Lucas 5 (mucho antes de que Jesús preguntara a los discípulos sobre su opinión de quién era Él), Pedro y su tripulación habían estado toda la noche en el mar de Galilea, confiados en sus habilidades náuticas y en su conocimiento sobre las mejores condiciones para tener una pesca decente. Una y otra vez, habían echado su voluminosa red sobre el costado del bote, esperando que volviera a ellos llena hasta el borde de peces, como siempre lo hacía. Pero para su sorpresa, todos los intentos fueron en vano. Cada tentativa era un fracaso. Las aguas parecían estar vacías esa noche. Ninguna de las más agudas percepciones de los pescadores estaba dando sus frutos.

Imagínate la dificultad y el desaliento que deben haber sentido a medida que cada hora oscura se combinaba con la siguiente. Imagínate su desconcierto al no poder hacer un trabajo que habían hecho con éxito cientos de veces en el pasado.

La pesca no era solo su pasatiempo de fin de semana. La pesca era su profesión, la industria y el oficio al que habían dedicado sus vidas. No poder pescar un solo pez en un esfuerzo de toda la noche habría significado más que una decepción. Era un insulto a su habilidad y experiencia, a su prestigio como profesionales, por no mencionar un obstáculo para sus resultados económicos. Sus familias y comunidades contaban con estos hombres para llevar a casa la comida del día siguiente. Su fracaso de la noche a la mañana no pasaría desapercibido.

A la mañana siguiente, las multitudes ya estaban reunidas escuchando a Jesús enseñar «la palabra de Dios» (Lc. 5:1), una frase bíblica que, cada vez que aparece en los evangelios, se refiere a Su enseñanza sobre Él mismo como el Mesías, el portador de buenas noticias. En otras palabras, Él estaba enseñando sobre Su identidad. La gente se estaba agolpando tanto para escucharlo, que Él necesitaba una mejor plataforma para poder hablar donde todos pudieran escucharlo.

Ver el bote de Simón vacío en la playa no era una coincidencia, y Jesús lo llamó mientras los hombres lavaban sus redes vacías. De nuevo, no es una coincidencia, porque el vacío de Simón estaba a punto de ser llenado por la presencia y el poder de Cristo. Jesús subió a la superficie vacía de ese bote y les pidió a los pescadores que se alejaran un poco de tierra para poder enseñar a las multitudes reunidas alrededor de la orilla del agua de manera más efectiva. A partir de ahí, Simón habría tenido el asiento más cercano a Él. Estaba al frente y en el centro, al lado de Jesús, para escuchar con una claridad deslumbrante lo que Jesús continuaba diciendo sobre quién era Él y sobre Su identidad mesiánica.

Luego escuchó algo más. Algo más. Algo personal. Escuchó su nombre.

¿Simón?

«Boga mar adentro, y echad vuestras redes
para pescar» (v. 4).

Este sentimiento iba en contra de todo lo que un pescador experimentado sabía sobre el trabajo en esta zona. Para pescar eficazmente en el mar de Galilea, tradicionalmente se permanecía en aguas poco profundas, pescando de noche, no en la parte profunda a plena luz del día. Al principio, Pedro trató de razonar con Jesús, presentando sus credenciales como un hombre que conocía el negocio de la pesca mejor que cualquier Maestro. Habían trabajado toda la noche y no habían pescado nada, dijo. Jesús no respondió. Jesús esperó.

Bien, entonces, «mas en tu palabra echaré la red» (v. 5). *Pero te digo que no servirá de nada.*

> Y habiéndolo hecho, encerraron gran cantidad de peces, y su red se rompía. Entonces hicieron señas a los compañeros que estaban en la otra barca, para que viniesen a ayudarles; y vinieron, y llenaron ambas barcas, de tal manera que se hundían (vv. 6-7).

Ahora llegamos a la mejor parte.

> Viendo esto Simón Pedro, cayó de rodillas ante Jesús, diciendo: «Apártate de mí, Señor, porque soy hombre pecador» (v. 8).

No solo Maestro. «Señor».

> Porque por la pesca que habían hecho, el temor se había apoderado de él, y de

> todos los que estaban con él, y asimismo de
> Jacobo y Juan, hijos de Zebedeo, que eran
> compañeros de Simón (vv. 9-10).

Tan recientemente como el amanecer, Jesús les había parecido tan solo un maestro local, un hombre religioso que enseñaba a la orilla del mar. Pero ahora Él le había mostrado a Simón y a sus compañeros de pesca toda la verdad. Él podía dominar los mares y sus criaturas respondieron a Su palabra. Podía hacer cosas que nadie más podía hacer. Lo había dicho y ahora lo habían visto. ¿El resultado?

> Y cuando trajeron a tierra las barcas, deján-
> dolo todo, le siguieron (v. 11).

«Todo». Todas sus cosas.

Lo entregaron todo. Todos los peces que se habían esforzado por atrapar, toda la seguridad financiera que les había brindado su ardua empresa, lo dejaron todo atrás en un instante, incluso la captura de peces más grande que habían recogido en sus vidas. No porque los peces y la pesca ya no importaran, sino porque ya no importaban *tanto* como seguir a Jesús, Aquel cuya identidad se había vuelto tan sorprendentemente clara para ellos.

Una gran pesca había sido su mayor aspiración, pero ahora rendirlo todo a Cristo era lo único que anhelaban. Porque ahora no tenían ninguna duda de quién era Él realmente.

Con el tiempo, Él les revelaría aún más sobre Su identidad a ellos, así como a la multitud. En ese día, cuando Jesús les hizo a Sus discípulos la pregunta penetrante, conmovedora y poderosamente personal: «¿Quién decís que soy?», Pedro pudo responder sin reservas: «El Cristo de Dios» (Lc. 9:20). «Tú eres el Cristo» (Mr. 8:29). «Tú eres el Cristo, el Hijo del Dios viviente» (Mt. 16:16).

Las raíces de su declaración confiada comenzaron esa mañana cuando las cuerdas toscas de las redes de pesca de Pedro empezaron a desmoronarse ante el peso de una pesca milagrosa. Comenzó un proceso que haría naufragar su vida y la recalibraría, así como la de todos los demás que estaban con él. Había cambiado la trayectoria de sus objetivos y ambiciones. Había cambiado el termómetro que utilizaban para medir el éxito y el fracaso.

Jesús les había mostrado quién era en realidad, quién es realmente.

Eso es lo que hace a un discípulo.

‹⁀›

Es fundamentalmente importante, cuando pensamos en el discipulado y nuestro deseo de rendirlo todo, empezar donde Jesús lo hizo, enfocándonos en Su identidad. No la tuya, sino la de Él. No tus fallas, debilidades y luchas, sino Su plenitud, perfección y poder. Porque el discipulado es costoso. Increíblemente costoso. No nos engañemos:

no pagaremos su precio si no estamos convencidos hasta la médula de que a Aquel a quien estamos sirviendo con todo, con todo lo que somos, realmente lo merece.

Podemos decir que creemos todas las verdades que las Escrituras dicen sobre Él, pero si realmente queremos saber cuán profundo creemos en Él, lo único que lo revelará es qué tanto nos hemos rendido. Lo sabremos al ver qué tan rápido e incondicionalmente dejamos atrás los peces para convertirnos en Sus seguidores o al ver qué tan firme nos aferramos a ellos. Por la forma en la que le entregamos el control de las áreas más preciadas de nuestras vidas. En la medida en que confiemos en Su autoridad y carácter, ese es el grado en que estaremos dispuestos a alinear toda nuestra vida con Su liderazgo, incluso cuando lo que estamos entregándole se sienta contracultural o incómodo.

Exigirnos este nivel de confianza y compromiso sería una extorsión si Jesús fuera cualquier otra persona. La única razón por la que Él puede reclamar *todo* de nosotros es porque Él fue y siempre será, el Hijo de Dios, para quien era «necesario» que «padezca muchas cosas, y sea desechado por los ancianos» en Su camino para asegurar nuestra salvación (Lc. 9:22).

Y porque Él es y porque Él lo hizo, no hay otra respuesta que un discípulo deba dar. Esta es la única respuesta:

> Ellos «dejándolo todo, le siguieron» (Lc. 5:11).

Las palabras que Jesús usó al describir la vida del discípulo son tan claras y sencillas para nosotros hoy como para quienes lo escucharon decirlas ese día.

> «Si alguno quiere venir en pos de mí, niéguese a sí mismo, tome su cruz cada día, y sígame. Porque todo el que quiera salvar su vida, la perderá; y todo el que pierda su vida por causa de mí, este la salvará. Pues ¿qué aprovecha al hombre, si gana todo el mundo, y se destruye o se pierde a sí mismo?» (Lc. 9:23-25).

Negación. Cruz. Perder. Seguir. Estos son términos serios que nos recuerdan que ser un discípulo requiere un divorcio firme de gran parte de lo que la sociedad e incluso la cultura cristiana han pretendido y promovido. Va en contra de una fe centrada en sí misma que celebra el exceso, el ajetreo y una vida fácil y cómoda como la marca del favor de Dios en nuestra vida. Reorienta la brújula de nuestra actividad religiosa en la dirección de la simplicidad, la disciplina, la obediencia, la santidad y la moderación que Su Espíritu desarrolla dentro nuestro. Nos recuerda y nos exige un ajuste de cuentas que nos deja con una determinación sobria de nuestro propósito y con una elección definitiva que hacer.

¿Buscaremos este discipulado (la definición de Cristo sobre el discipulado) o crearemos nuestra propia definición

que consiente nuestra carne y valora esta tierra sobre el
reino de los cielos?

Considera Sus palabras de nuevo. Escucha cada argu-
mento progresivo que hace sobre el discipulado, piénsalo
como una respuesta a una pregunta que tú o yo haríamos:

1. ¿Cuál es la esencia del discipulado? «Nié-
   gate a ti mismo».
2. ¿Cómo logro esto? «Toma tu cruz».
3. ¿Qué tan frecuentemente debo hacerlo?
   «Cada día».
4. ¿Quién es mi modelo? «Yo, sígueme a mí».
5. ¿Cuál será el resultado? «Pierde tu vida por
   causa de mí y la salvarás».
6. ¿Por qué es importante? «¿Qué aprovecha
   al hombre, si gana todo el mundo, y se des-
   truye o se pierde a sí mismo?».

La forma en la que Jesús presentó esta declaración es
un patrón escritural. Él nos dice que nos neguemos a nosotros mismos, tomemos nuestra cruz y lo sigamos. Luego
lo complementa con explicaciones sobre cómo lograrlo.

Perdiendo tu vida.

No se está refiriendo a nuestra vida física (aunque
muchos mártires han dado la suya) sino a nuestra vida
interior como individuos, a nuestra vida personal, la
vida a la que con tanta facilidad le dedicamos las ofrendas
terrenales ilusorias. Lo hacemos con mucha naturalidad.

Buscamos nuestra seguridad, significado e identidad en las cosas que este mundo solo puede proporcionar temporalmente, queriendo «salvar» nuestras vidas, «encontrarnos» a nosotros mismos, algo que Jesús dijo que también quiere para nosotros, pero por lo general lo hacemos de la manera equivocada. Vamos para el lado contrario.

Perseguimos con obsesión los objetivos y pasiones que nosotros mismos hemos definido, considerándolos como nuestra puerta de entrada a la aprobación, la aceptación y el éxito. Nos esforzamos por lograr los ambiciosos elogios que codiciamos, la admiración pública que deseamos y la estabilidad financiera que creemos que nos asegurará un futuro estable y satisfactorio. Nada es inherentemente malo con estas cosas, a menos y hasta que doblegamos nuestras convicciones para alcanzarlas y entonces vinculamos nuestro sentido de identidad a si las recibimos o no.

Aquí es donde con frecuencia podemos decir que nuestras motivaciones están equivocadas. Modificamos y manipulamos nuestros comportamientos para afinar siempre nuestras conversaciones, y determinar a qué nos afiliamos dependiendo de cuánto nos ayudan a alcanzar las aspiraciones que nos hemos fijado. Queremos ser nosotros los que terminemos «obteniendo el mundo», los que terminemos ganando en la vida.

Pero de acuerdo con la definición de discipulado de Cristo, cuando esto es lo que estamos buscando como meta primaria, cuando arraigamos nuestra identidad en ello, será, incluso si lo obtenemos, una amenaza mayor para nuestra realización y propósito de lo que podríamos imaginar. La vida, para el discípulo, solo se realiza cuando elegimos intencionalmente una postura de abnegación, sumisión y sacrificio a Dios.

Ganar de verdad en la vida implicará «perder» nuestras vidas, separando nuestro sentido de identidad y significado de las cosas de este mundo y en su lugar uniéndolas a la identidad de Cristo.

Nos encontramos a nosotras mismas al encontrarnos en Él. Buscar la satisfacción de cualquier otra manera es, finalmente, encontrarnos vacías.

Las ofrendas terrenales nunca pueden ser los elementos definitivos y determinantes que un discípulo tiene en cuenta al tomar decisiones. No es que sean negativas, como si tuviéramos que huir de ellas y no tener nada que ver con ellas. El Señor, en Su bondad y misericordia, como lo hace un Padre amoroso, nos da muchas de las bendiciones que abundan en este mundo para que las administremos y disfrutemos. Pero con demasiada facilidad, oh, con cuánta facilidad, pueden transformarse en un foco central y adictivo hasta que se convierten en un ídolo silencioso alrededor del que orbitamos nuestras vidas. Cuando ellas nos apoyan y trabajan a nuestro favor, nos sentimos en nuestro mejor momento. Cuando ellas están en problemas y las sentimos en nuestra contra, nos afecta y no estamos en nuestro mejor momento. Siempre nos están abrumando con la presión de adaptarnos y, sin embargo, nos dejan muy poco como para sentirnos satisfechos.

Muy poco que ganar. Mucho que perder.

Permíteme hacerte una pequeña pregunta, que también me hago a mí misma. Es una forma sencilla de hacer un recuento, evaluando el nivel de importancia que le estamos atribuyendo a las cosas que están luchando en contra de nuestro corazón de discípulo. Piensa en todas aquellas cosas que deseas de este mundo. Sabes cuáles son. Sé cuáles son las mías. ¿Cómo les has permitido a ellas y al poder que poseen de cambiar tu actitud, controlar tu tiempo, determinar tu brújula moral, darte el modelo sobre cómo transitas tu día, darle a tu carne más dominio sobre ti, que la vida de Cristo en tu interior? Y, si el Espíritu te convenciera de dejar atrás a una o más de ellas, ¿lo harías? ¿Podrías hacerlo? ¿Te rendirías ante esa convicción?

En el lugar en el que encuentres un desequilibrio sobre el impacto que tienen sobre ti, reconoce que te has convertido en *su* discípulo en lugar de ellas en las tuyas. Sí, *su* discípulo. Porque todos somos discípulos de *alguien*, discípulos de algo. Y si nosotros, queriendo ser discípulos *de Cristo*, no tenemos la intención de perder nuestras vidas por Él, sino por estos competidores, resistiendo su lazo seductor a nuestras almas, siempre seremos arrastrados por su tentador atractivo hacia una línea de meta inalcanzable. A fin de cuentas, solo pueden ofrecernos insatisfacción y desánimo. Pero Jesús nos ofrece a nosotros, Sus discípulos, un beneficio incalculable y eterno de nuestra entrega sin reservas.

⚬⚭⚬

«¿Quién dice la gente que soy yo?» (Lc. 9:18). Alguien a quien valga la pena respetar, alguien que valga la pena observar, pero no alguien a quien valga la pena seguir. Las multitudes nunca siguen a Cristo, no pueden seguir a Cristo, porque realmente no creen quién es Él.

Pero escucha al Señor susurrarte la pregunta hoy: «¿Quién dices tú que soy yo?».

Esa es la pregunta con la que debe lidiar el discípulo.

Y esta es la respuesta que debemos dar a fin de cuentas: Hay «un Señor, Jesucristo, por medio del cual son todas las cosas, y nosotros por medio de él» (1 Co. 8:6). El discípulo encuentra su vida en Él, porque está «escondida con Cristo en Dios" (Col 3:3), de modo que todo lo que es suyo: cada comportamiento, cada palabra, cada pasión, cada propósito es rendido y entregado al buscar imitar a Cristo y Su ejemplo.

Solo vale la pena dejar los botes y las redes porque vale la pena seguir al maestro, *a este* Maestro. Porque este Maestro no es solo un maestro. Él lo es todo. Él es absolutamente todo.

Él es Jesús. El Cristo. El Hijo del Dios viviente.

Lo rindo todo

«Y el que no lleva su cruz y viene en pos de mí,
no puede ser mi discípulo»
Lucas 14:27.

¿De qué maneras específicas sientes que el Espíritu Santo te guía a rendirte y a «negarte a ti mismo» en esta etapa de tu vida?

_____

_____

_____

_____

_____

_____

_____

_____

_____

_____

_____

_____

_____

_____

_____

¿Qué revela el nivel y la rapidez de tu entrega y obediencia a Jesús sobre lo que realmente piensas de Su identidad y tu compromiso con Él?

_____

_____

_____

_____

_____

_____

_____

_____

_____

_____

_____

_____

_____

Considera en oración, qué pasos prácticos puedes tomar para cortar cualquier cosa a la que hayas atribuido tu significado e identidad, de modo que puedas atarlo completa y totalmente a Cristo.

_____

_____

_____

_____

_____

_____

_____

_____

_____

_____

_____

_____

_____

Lecturas adicionales:

Juan 8:31-32 • 2 Timoteo 2:11 • Hebreos 10:21-22

CAPÍTULO 2

Todo lo que necesitas

Permaneced en mí, y yo en vosotros [...]
porque separados de mí podéis hacer
Juan 15:4–5.

L a puerta del garaje no se abría.

Allí estaba yo, sentada detrás del volante, con el bolso en el asiento de al lado y la llave en el contacto. Estaba lista para irme. Y, sin embargo, no podía ir a ninguna parte.

Porque la puerta del garaje no se abría.

Mi esposo salió y llevó consigo su escalera plegable hasta donde estaba el mecanismo de apertura en el techo. Luego empezó a manipular y a zarandear las cosas, como suelen hacer los esposos, tratando de incitarlas a reaccionar.

Pero nada. No había dónde pudiera ir mientras esa máquina no respondiera.

Afortunadamente, el fabricante había puesto una etiqueta en un costado que incluía un número gratuito al cual llamar para consultas y asistencia en caso de que las personas que tenían el producto se encontraran alguna vez en una situación como esta. Jerry llamó e intentó los pocos pasos que le indicaban para solucionarlo. Hizo algunos ajustes. Seguía sin funcionar. Yo seguía sin irme a ningún lugar.

Pero tal vez el problema estaba en otro lugar, dijo el técnico. Tal vez el problema no estaba en los ajustes dentro de la caja, ni en el motor ni en la cadena, ni en los arneses, ni en nada por el estilo. Tal vez era algo completamente distinto. Algo muy sencillo.

Luego le pidió a Jerry que dirigiera su atención a la puerta del garaje en sí, específicamente a los pequeños dispositivos de rayos láser que estaban anclados en la parte inferior de las puertas en cada lado, cerca del piso. Si esos pequeños dispositivos se habían golpeado de alguna manera o incluso se habían salido ligeramente de su lugar, existía la posibilidad de que los rayos de luz que emitían ya no se encontraran entre ellos de la manera en la que están diseñados para hacerlo. Porque cuando esos láseres están alineados, cuando están conectados entre sí, se comunican con el abrepuertas del garaje y envían la señal que permite que todo el aparato funcione. Tan pronto como Jerry comprobó su posición (la cual, efectivamente, estaba fuera de lugar en un grado pequeño pero lo suficientemente significativo), fue capaz de colocarlos en su sitio de nuevo para que pudieran funcionar.

«Intenta abrir ahora», me dijo.

Apreté el mismo botón del control del coche que no había funcionado antes, y... ¡*zas!* Se abrió la puerta del garaje y pude ponerme en marcha.

La falta de alineación era el problema. La conexión era el problema.

Era solo una cosa. Tan simple pero tan crítica para un funcionamiento exitoso.

El verdadero discipulado, el que Jesús definió y describió en Lucas 9:23, donde nos negamos a nosotros mismos, tomamos nuestra cruz y lo seguimos, es imposible sin una cosa: estar en una relación correcta con Él. No solo en una relación de salvación con Él, sino en una *conexión* continua, cotidiana, todo el tiempo, una relación en la que Su poder fluye constantemente a través de nosotros, permitiéndonos caminar en santidad y victoria.

Las Escrituras describen la esencia de esta sagrada alineación con una sola palabra integral: *permanecer*. En contra de todas nuestras inclinaciones a las obras y a preocuparnos por si nuestros mejores esfuerzos podrán estar a la altura de lo que exige Su alto llamado, escuchemos a Jesús explicarnos la aspiración más esencial, tal como lo hizo con los once discípulos pocas horas antes de ser crucificado en el madero del Gólgota:

«Permaneced en mí, y yo en vosotros»
(Jn. 15:4).

En siete palabras sencillas, Jesús describió la clave para una vida victoriosa y fructífera y señaló el enfoque principal y la búsqueda del discípulo: *Permanezcan en Mí. Manténganse conectados a Mí. Enfóquense en mantenerse alineados.*

Nuestro objetivo hoy es cultivar una amistad más profunda, más rica y firme con el Señor que la que tuvimos ayer, permaneciendo rendidos a Él, permaneciendo obedientes a Él. Así es como la puerta al discipulado de repente se abre de par en par para nosotros y el impulso de seguirlo surge constantemente dentro nuestro.

Después de eso, avanzamos en maneras que nunca creímos posibles.

⌘

Para subrayar la importancia de este mensaje, abramos la Biblia y escuchemos a Jesús hablándoles a Sus discípulos en el contexto original y en medio de la situación que estaban viviendo.

Estaba a menos de veinticuatro horas de morir en la cruz. Y Él lo sabía. Estaba aún más cerca de ese momento tenso y horrible en el que estaría orando «gotas de sangre» a Su Padre en el huerto de Getsemaní (Lc. 22:44). Los pasajes en letras rojas de Juan 14–17 no fueron Sus últimas palabras, pero fueron Su mensaje final al grupo muy unido de los doce (menos Judas) que lo habían estado siguiendo durante los últimos tres años.

Así que, aunque Jesús nunca hizo nada que no fuera cien por ciento a propósito, puedes estar segura de que la intención que tuvo detrás de *estas* palabras, detrás de entregar *este* mensaje a Sus compañeros más cercanos en esta coyuntura crítica, fue particularmente significativa. Él quería que estuvieran listos para el camino desafiante que pronto tendrían que soportar debido a lo que Él, su Señor, pronto iba a atravesar.

Acababan de terminar de compartir la cena de la pascua, en algún lugar de Jerusalén. Después de comer, inesperadamente envolvió una toalla alrededor de Su cintura, trajo una vasija con agua y les lavó los pies en una expresión inolvidable y deslumbrante de Su humildad. Él les dijo que a pesar de que se marchaba, iba a «preparar lugar» para ellos (Jn. 14:2). Y, a pesar de que se ausentaría pronto, no los dejaría aquí como «huérfanos» (v. 18), porque Él y Su Padre les enviarían el Espíritu Santo para consolarlos y aconsejarlos, para ayudarlos a mantenerse animados y anclados en la verdad, y para recordarles «todo lo que yo os he dicho» (v. 26).

Se acercaban problemas, sí. Pero siempre podían contar con experimentar su «paz» (v. 27). Nunca dejaría de guiarlos y cuidarlos, incluso más allá de la tumba.

Pero Él tenía algo más que decirles y mostrarles.

Entonces les instruyó: «Levantaos, vamos de aquí» (v. 31). Los llevó fuera de la ciudad, en medio de las sinuosas calles de Jerusalén, a través del valle de Cedrón y hacia las laderas más bajas del monte de los Olivos, donde se situaba el jardín de Getsemaní, el lugar en el que realmente empezaría la historia de Su sufrimiento.

En el camino, antes de llegar al jardín, habrían pasado por un paisaje local que era tan común en su cotidianeidad como las sendas de tierra y casas de techos planos que caracterizaban sus ciudades y pueblos. Aquí, a lo largo de los senderos que con tanta frecuencia habían recorrido con Él, habrían pasado por esos viñedos que funcionaban con normalidad y que eran tan familiares para ellos. Magistralmente cuidados y meticulosamente mantenidos.

Observar las largas y ordenadas hileras de uvas, seguro trajo al alma de los discípulos un sentimiento concreto de tiempos más felices. En esta época y cultura, el fruto jugoso de la viña simbolizaba la dulzura de la vida, esas estaciones festivas del año en las que toda la comunidad celebraba con risas y se regocijaba por las bendiciones de Dios en sus cosechas y en sus vidas. La presencia de racimos de uvas florecientes en los viñedos de los alrededores de la ciudad les daba una confirmación visible de la buena salud que disfrutaban como pueblo.

Las uvas buenas significaban buenos tiempos.

Entonces, considera este momento tan contradictorio de esa sensación de contentamiento cálida y agradable junto con el peso y la incertidumbre que se habían estado acumulando a su alrededor durante todo este día y noche inusual. Este contraste tan marcado era una observación que Sus discípulos con seguridad notarían y tomarían de este momento de enseñanza. Esto se debe a que la lección que Él estaba a punto de compartir con ellos, aquí en el viñedo de Juan 15, estaba destinada a los discípulos de cada siglo por venir, que enfrentarían sus propios tiempos de inevitable sufrimiento, estrés y separación. Entonces, *antes* de que los discípulos llegaran al Getsemaní, *antes* de que se enfrentaran a uno de los momentos más oscuros de sus vidas, Jesús les enseñó sobre el principio de permanecer.

Inclínate y escucha, tú que eres una discípula moderna.

Para tener la capacidad de soportar las pruebas y tribulaciones que son inevitables en la vida, necesitamos aprender y establecer esta prioridad espiritual, de esa manera estaremos preparados para lo que viene. Durante esos momentos en los que Él nos permite, por la gracia de Dios, vivir en la relativa tranquilidad de la estabilidad y la normalidad (así como se sintieron los discípulos cuando estaban rodeados de la dulzura y la bondad de las uvas) es necesario que aprovechemos la oportunidad para practicar un hábito espiritual en particular que es esencial para todos aquellos que quieren permanecer firmes en Cristo.

Permanece.

Porque el Getsemaní viene.

Pronto llegarán días difíciles, si no lo han hecho ya, cuando nos resulte difícil pensar con claridad, días en los que sentiremos que no tenemos suficientes recursos disponibles para sobrevivir a las presiones que aparecen sobre nosotros. Pero si hemos sido intencionales en enfocarnos en el principio fundamental del discipulado como una prioridad principal, Él mismo nos preparará para mantenernos firmes a través de las dificultades de la vida sin dudar ni alejarnos.

Seremos como Jesús, nuestro Señor y Salvador, que supo sufrir porque sabía de dónde venía su fuerza.

No había uvas esperándolo en el Getsemaní. No fueron tiempos buenos. No hubo diversión ni juegos. Sin embargo, Él estuvo tan *alineado* con Su Padre, tan *conectado* con practicar Su voluntad, que Él pudo mantener una sensación de estabilidad sobrenatural en medio de las circunstancias más inestables.

Jesús dijo que el viñedo tenía una historia que nos habla sobre *permanecer*. De modo que en el camino al Getsemaní, se detuvo para darles la enseñanza secreta que aprendieron de un viñedo lleno de uvas.

Permanece.

Alíneate.

Mantente conectado.

Empieza a *permanecer*

La Biblia no lo dice, pero me imagino a Jesús deteniéndose a lo largo de Su camino, haciéndoles señas a Sus discípulos para que se acerquen a Él y observen una característica importante del viñedo. Imagínate la posibilidad de que Él se acercara hacia una vid en particular que había elegido para hacer su ilustración. Imagínalo pasando Su mano a lo largo de la enredadera gruesa y brillante que crecía de la tierra, empezando con el tronco grueso y sólido en la base de la planta. Imagina esas manos que, como el Hijo de Dios, eran lo suficientemente poderosas como para sostener todo el universo con firmeza; sin embargo, como hombre, podían recorrer suavemente esta vid hasta el lugar donde uno de los pámpanos se separa de ella.

Imagínalo conmigo, a Él, sosteniendo Sus manos allí mismo, en este punto de conexión, entre la vid y el pámpano.

Aquí estaba la unión natural donde la vida se transfería de manera orgánica de la base al pámpano, donde una fuente invisible de energía llevaba alimento de un lugar a otro, en grandes cantidades.

«Yo soy la vid, vosotros los pámpanos»
(Jn. 15:5).

Este soy Yo.
Este eres tú.
La galería de arte de la naturaleza nos regala este cuadro. Todo lo que el pámpano necesita para su supervivencia y para su florecimiento tiene su origen en esa vid. *Todo.* Todo lo que necesita. Siempre y cuando la rama permanezca unida a ella, siempre y cuando la estructura dentro

de ella continúe entrelazada con la vida que fluye de la vid, entonces ella vivirá y dará sus frutos. Toda la humedad y los nutrientes que requiere hacen intrínsecamente el viaje desde el punto de partida hasta el punto de entrega.

La vida que Jesús planea que tengamos, Él nos la provee de sí mismo.

En otras palabras, la rama no necesita esforzarse y luchar para producir uvas en el proceso porque la vid ya está suministrando todo lo que la rama necesita desde el principio. Nuestra tarea como pámpano en esta sencilla ilustración es tan solo descansar y recibir, sí, *descansar* y *recibir*, extraer de Él la fuerza espiritual que solo la Vid, no nosotros, puede crear. Nuestro único enfoque es «permanecer» en Él, permanecer en Él, estar alineados con Él, con Sus propósitos, Sus caminos, Su carácter, Su perspectiva a través de las rutinas habituales de la vida diaria.

En la naturaleza las ramas simplemente *hacen* esto. Se quedan quietas. Permanecer es su única tarea. No luchan por mantener la conexión ni intentan florecer de ninguna otra manera. No se desprenden del tallo o del tronco para llevar su actividad frutícola a otro lugar, como si realmente no necesitara este viñedo. Pero en tu vida y en la mía, las ramas humanas tendemos a poner menos de nuestra parte. Reducimos la necesidad de permanecer con el objetivo de hacer lo que nos traiga mayor aplauso y admiración por nuestras actividades y amplia influencia. Hacemos nuestros propios planes y horarios, nuestros propios métodos y fórmulas para rendir con la máxima productividad y luchamos e insistimos con llevarlos a cabo. Luchamos contra nuestras tentaciones más difíciles con palabras cliché y fuerza bruta, buscando alcanzar la santidad. Vivimos en el futuro, ya sea preocupándonos por lo que pueda suceder o soñando con lo que esperamos lograr, con la vida que deseamos tener, aquel lugar mágico donde seremos muy felices, plenas, realizadas y poderosas.

Pero todo ese afán resulta en un cansancio inútil.

Porque la conexión en sí misma lo es todo.

No leas más allá de esta enseñanza trascendental de Jesús, especialmente si lo has escuchado mil veces y piensas que es demasiado simplista para la vida en el mundo real. Bonito en teoría. Valioso en algunos puntos. Útil y utilizable con moderación. Pero *no todo* se puede lograr con *permanecer*, Priscilla.

Sí, todo. Aquí, querida discípula, está todo lo que necesitas. Todo lo que necesitas viene de Cristo. El pámpano, tan solo al descansar y recibir, obtiene todo lo que necesita.

❧

Observa que hay tres actores en el escenario de este teatro de palabras en el que Jesús invitó a Sus discípulos a asistir. Los tres personajes aparecen en los primeros cinco versículos de Juan 15: (1) la «vid», (2) el «labrador», (3) los «pámpanos».

> «Yo soy la vid verdadera, y mi Padre es el labrador. Él corta de mí toda rama que no produce fruto y poda las ramas que sí dan fruto, para que den aún más. Ustedes ya han sido podados y purificados por el mensaje que les di. Permanezcan en mí, y yo permaneceré en ustedes. Pues una rama no puede producir fruto si la cortan de la vid, y ustedes tampoco pueden ser fructíferos a menos que permanezcan en mí. Ciertamente, yo soy la vid; ustedes son las ramas. Los que permanecen en mí y yo en ellos producirán mucho fruto porque, separados de mí, no pueden hacer nada» (Jn. 15.1-5, NTV).

Tengo una pregunta que hacerte: ¿A cuál de estos tres lo ves trabajando? ¿Y a cuál se le describe descansando y permaneciendo?

- La vid está *trabajando*, suministrando vida a los pámpanos.
- El labrador está *trabajando*, cuidando el jardín, podando y regando la planta, colocando los pámpanos correctamente para

asegurarse de que puedan producir el máximo de fruto.

- Los pámpanos, ¿qué hacen?, *no trabajan.*

Y, sin embargo, florecen. Ese es el punto. Ese es nuestro trabajo: permanecer conectados y recibir vida, someternos a los formas sabias y hábiles del Señor para ponernos en las mejores condiciones para dar fruto y luego simplemente crecer allí. Eso es todo.

- La vid. *Ese soy Yo.*
- El labrador. *Ese es Mi Padre.*
- Los pámpanos. *Eso eres tú, somos nosotros.*

Y a nosotros, la Escritura nos dice...

- «Quédense quietos, reconozcan que yo soy Dios» (Sal. 46:10, NVI).
- «Venid a mí todos los que estáis trabajados y cargados, y yo os haré descansar» (Mt. 11:28).
- «Pues Su divino poder nos ha concedido todo cuanto concierne a la vida y a la piedad» (2 P. 1:3, NBLA).

Sí, lo ha hecho. Dejemos de actuar como si estos versículos no estuvieran en la Biblia o como si en realidad Dios no quisiera que se tomaran literalmente de esa manera. Porque así lo dijo.

Descansando y recibiendo.

Resistiendo todos los esfuerzos y las luchas.

O, como Jesús se lo dijo a Sus discípulos más cercanos en esa noche intensamente íntima...

«Separados de mí nada podéis hacer»
(Jn. 15:5).

«Nada» es lo que podían hacer. Y «nada» es lo que nosotros también podemos hacer, incluso en nuestra búsqueda de ser Sus discípulos.

La prioridad en la que debemos enfocarnos es mantenernos, permanecer en la Vid.

El principio de permanecer es un concepto muy importante para que nosotros, como discípulos, lo entendamos y lo prioricemos. Al apóstol Juan le gustó tanto que incluyó esta palabra cuarenta veces en su Evangelio y otras veintisiete veces en sus tres cartas: 1 Juan, 2 Juan y 3 Juan.

«Permanecer», como lo interpretan muchas de las traducciones antiguas de la Biblia, proviene del verbo griego *méno*, que significa «permanecer, quedarse, durar, pasar el rato con». Implica un sentido de interrelación y conexión del que hemos estado hablando. Significa estar inmerso y entrelazado.

Para mí, significa tomar una taza humeante de té caliente.

Si eres alguien que, de vez en cuando, disfruta del té caliente, es posible que hayas compartido una mesa en el pasado con un amigo o familiar tomando una taza caliente. Me he dado cuenta, como tal vez tú lo hayas hecho, de que parece haber dos tipos de bebedores de té. El primero es lo que yo llamaría un *sumergidor*. Vierte el agua hirviendo sobre la bolsita de té en su taza, deja que la bolsita descanse allí por un momento, luego aprieta la cuerda entre sus dedos y sumerge repetidamente la bolsita de té dentro y fuera del agua, a veces sin detener este movimiento de inmersión mientras que está bebiendo, como si tuviera miedo de dejar la bolsita sumergida demasiado tiempo. Puede que opines que es un tema de gustos. Sí, estoy de acuerdo. Si a alguien no le gusta su té demasiado fuerte, esa es una buena forma de evitar que se torne demasiado intenso para su gusto.

Pero luego está el *persistente*. El que simplemente deja la bolsita de té dentro. La deja remojando. La deja hervir a fuego lento sin interrupción. Deja que todos los sabores profundos y relajantes de la bolsita de té infundan cada molécula líquida dentro de esa taza.

No te estoy diciendo cómo beber tu té. Eso depende de ti. Solo te estoy diciendo que, si tú y yo queremos experimentar el poder de Dios que cambia nuestro comportamiento, cambia nuestras reacciones, cambia nuestros deseos, cambia nuestras vidas enteras, entonces no puedes sumergirte los domingos y luego salir los lunes. No puedes sumergirte cuando la vida es dura y luego dejar de sumergirte cuando las cosas están estables y en calma. No, la bolsita de té tiene que estar en la taza sin interrupción. Debe estar totalmente inmersa, debe permanecer por completo. El martes a las 2:00 p. m. se ve igual que el domingo a las 10:00 a. m. Lo mismo ocurre el viernes a medianoche. Los días de semana y fines de semana. Siempre estamos considerándolo, buscándolo, hablando con Él, confiando en Él, obedeciéndole, revisando que estemos alineados con Él.

Una persona que permanece es aquella que está atenta a Su presencia y a Sus propósitos, mientras que está siempre descansando, siempre recibiendo y aunque pareciera sorprendente es más fructífera que nunca.

¿En qué áreas de tu vida estás esforzándote en este momento? No me refiero a la productividad saludable y al compromiso con lo que Dios te ha llamado a hacer, ya sea en casa o en los negocios o en el estudio o en el ministerio. Como hablaremos en los próximos capítulos, un estilo de vida que permanece no es una licencia para la pereza. Estoy hablando de esas áreas de tu vida en las que actualmente estás insistiendo mucho más allá del punto que requiere una diligencia piadosa, hacia una ambición despiadadamente indulgente. Tu emoción principal es la frustración. A veces piensas que te estás acercando a un estado de colapso emocional, espiritual o físico porque estás tratando de hacer demasiado y sientes que sostener el mundo recae directamente sobre tus hombros. Para aumentar la presión, esperas impresionar a los demás, porque estás deseando recibir sus aplausos.

Tal vez también hayas vuelto a buscar algunas de tus formas antiguas de escape, esos lazos adictivos que te atan a ciertos placeres y que te atraen a su red seductora, tentaciones que parecen saber cuándo te estás muriendo por algo para amortiguar el dolor y el pánico que a veces sientes. Has sacrificado a tu familia y otras relaciones. Has perdido de vista algunas de las disciplinas y convicciones que solían tener una prioridad alta. Incluso has renunciado a tus propias necesidades, a tu propia salud, en esta búsqueda salvaje de lo que solo la Vid puede darte, a fin de cuentas.

Confía en mí cuando te digo esto. La manera de empezar de nuevo es confiar en que Él es capaz de nutrirte y sostenerte.

Renuncia a tus esfuerzos. A todos ellos.

Descansa en Él. Para recibir de Él. Enfócate en cultivar una conexión más profunda con Él.

Permanece en Él.

Elige la *autenticidad*

Muchas Navidades atrás, cuando uno de nuestros hijos era muy pequeño, le regalamos uno de esos vehículos a control remoto que eran tan populares en aquella época.

El que él quería era un helicóptero que, como suelen ser los juguetes, fuera sorprendentemente grande, pesado y realista. En la caja y en su mente, había imágenes de un helicóptero brillante y reluciente volando por encima de la casa y a través del patio, por horas y horas, realizando acrobacias y aterrizajes espectaculares.

Sin embargo, había un poco de desconexión entre el producto tal como se anunciaba y la experiencia que tuvimos en la vida real. Rápidamente aprendimos que cargar las baterías tomaba cuatro horas. E incluso después de mantenerlo enchufado durante tanto tiempo y sin utilizarlo, el tiempo total de vuelo era de solo quince minutos por carga. Papá Noel había decepcionado un poco con este regalo.

Y nuestro hijo no estaba contento.

Cuatro horas parecían una eternidad para un niño pequeño que estaba ansioso por pilotar su nuevo helicóptero. Así que empezamos a darnos cuenta de que después de impacientarse por estar esperando que las luces del panel de control se cambiaran a verde, él *fingía* que lo había mantenido cargando durante el tiempo necesario. Incluso llegó a tomar uno de nuestros relojes y adelantar las manecillas cuatro horas para lograr convencerse de que había hecho lo que se suponía que debía hacer. Después tomaba rápidamente el control y esperaba pasar un buen rato jugando con su nuevo juguete. Pero el tiempo que el helicóptero voló nos dijo (y a él también) la verdad. El helicóptero no estaba completamente cargado. Cuando se quedaba sin energía, se quedaba sin energía, lo quisiera o no.

Es simple, no hay atajos para ciertas cosas. Lo mismo ocurre en nuestras vidas espirituales. No puedes omitir el tiempo de carga y esperar obtener resultados completos. No importa con cuánto éxito logres engañar a otros con todas las marcas externas de alguien que ha cultivado una amistad con Cristo o cuán diligentemente lo intentes para engañarte a *ti mismo* al saltarte las disciplinas privadas y personales que te infunden fuerza espiritual. La apariencia, tarde o temprano (generalmente antes) no podrá esconder la deficiencia. Te quedarás sin gasolina tratando de mantenerte en movimiento.

No hay nada, ninguna actividad, ninguna buena acción, ninguna obra ministerial, ninguna plataforma, ninguna forma de influencia; que pueda reemplazar el «permanecer». Tener una vida profunda de oración. Escuchar y ser sensible a la guía del Espíritu. Apoyarse en las Escrituras para comprender el latido del corazón de tu Señor. Ser obediente a Sus instrucciones. Como discípulos, esto es lo único que no podemos ignorar. Si somos inconsistentes e impacientes y tratamos de forma constante de escapar o evitar esta virtud espiritual que es tan crítica, nos estaremos quedando sin energía; y, lo que es más importante, no produciremos ningún fruto eterno.

En la viña de la vida cristiana, es posible que un pámpano dé la apariencia de estar conectado sin realmente
estar conectado. Puede tener una conexión superficial con
la vid, puntos de contacto piel con piel, pero que en realidad no comparte la fuente de vida que está destinada
a fluir en cada rama de Cristo. Cualquier rama que esté
unida superficialmente a Él o que solo esté unida a Él
de forma esporádica, no producirá fruto en gran medida.
Pero «los que permanecen en mí y yo en ellos», dijo
Jesús, «producirán *mucho* fruto» (Jn. 15:5, NTV, énfasis
añadido).

La permanencia *auténtica* es la diferencia.

En otras palabras, la permanencia no se puede lograr
con una conexión superficial. Permanecer no tiene fines
decorativos. Un pámpano que está desconectado de las
venas, de la verdadera humedad y del interior de la vid,
pronto solo dará vistosas hojas y flores de un creyente
cuya unión es solo superficial. Se *ve* bien. Se *viste* bien.
Puede ajustarse a muchas de las características que la cultura cristiana de hoy compara con el éxito cristiano. Pero
quítale el atractivo estético de las flores ¿y dónde está el
fruto?

Es por eso que debemos ser tan cuidadosas, amiga,
para permanecer de verdad conectadas con Él. Entregarlo todo de verdad. Buscarlo en privado en oración,

en el estudio de Su Palabra y en mantener nuestro oído afinado a la convicción del Espíritu mucho más de lo que buscamos mostrar a la vista del público. Es posible trabajar duro para Él y no estar conectado con Él. Es posible tachar la lista de tareas pendientes de la actividad religiosa, asistir a la iglesia, participar en (o incluso dirigir) una reunión semanal de estudio bíblico, pero no estar alineado con Él. Para otros puede parecer que tienes una amistad duradera, significativa y constante con Jesús. Claro que lo parece. Seguro que suena como si así fuera. Pero por debajo, la conexión es superficial. La razón por la que no estás sintiendo Su sustento es porque en el fondo solo te conectas a Él cuando necesitas estar *ON*, no durante esos momentos libres cuando estás fuera de servicio, cuando estás desconectada y buscas tu carga de cualquier otra vid que no sea la «vid verdadera» (Jn. 15:1).

Cuando las personas me dicen que están luchando espiritualmente y se sienten estancadas (o cuando yo misma me siento así), una de las formas como enseño el principio de permanencia es haciendo este tipo de preguntas profundas:

- ¿Las actividades ministeriales públicas que realizas ocupan más espacio en tu vida que las disciplinas espirituales privadas que fortalecen tu amistad con Jesús?

- ¿Te emociona mucho hacer actividades *para* Jesús sin tener una amistad ferviente y verdadera *con* Jesús?

Si la respuesta a una o a ambas preguntas es *tal vez* o *sí* (la cual ha sido *mi* verdadera respuesta en diferentes etapas de la vida), resiste la tentación de agregar cualquier otra cosa a tu lista de actividades religiosas, incluso actividades buenas como involucrarte con otra serie de estudios bíblicos grupales. En lugar de eso, descansa donde estás. Vuelve a aprender, absorber e incorporar a tu vida las verdades que Él te enseñó en el *último* estudio bíblico que hiciste. Quédate *allí*. Permanece en oración *allí*. Habla con el Señor sobre dónde estás y pregúntale qué quiere hacer en tu vida ahora para reorientarte a las lecciones que Él ya te ha revelado. Da espacio para que la obra profunda del Espíritu Santo te fortalezca y te sostenga allí. Cultiva una amistad con Jesús *allí mismo*.

Muchos creyentes verdaderos siempre van a preferir hacer algo, obtener algo o lograr algo porque las acciones que están en la superficie dan la sensación de estar progresando. Al menos eso es lo que la tendencia del cristianismo en el mundo occidental nos ha hecho creer erróneamente. Cuanto más hacemos, más grande se vuelve nuestra plataforma, más diligente parece que somos y más celebrados seremos. Así que danos un nuevo estudio bíblico para desarrollar, inscríbenos en un viaje misionero para hacer, apúntanos en otra conferencia a la que asistir, danos otro ministerio para sostener o una plataforma para expandirnos y parecerá que estamos creciendo. La gente pensará que estamos dando fruto en nuestra relación con Jesús.

Pero la vida auténtica que necesitamos en Cristo, con frecuencia nos llega en formas menos visibles, en formas menos expuestas, donde los ojos humanos no pueden ver. Es un lugar donde las raíces son profundas y es en privado donde permanecemos en Él. Debido a que esta parte del proceso está sucediendo bajo la superficie, como lo hace la vida de una vid, nuestra tendencia (y la tendencia de aquellos que nos observan desde lejos) es quitarle valor a este ritmo de vida auténtico. Esa es la razón por la que nos sentimos tan tentados a reemplazarlo, a reemplazarlo a Él, con algo más, con algo más visible, con algo más tangible, con algo que nos da la falsa pero refrescante sensación de que estamos haciendo algo «fructífero».

Pero será fruto falso si estamos fingiendo ser Sus pámpanos.

Recibe seguridad

Recuerda que Jesús estaba en camino al Getsemaní cuando les enseñó a los discípulos esta lección sobre las uvas, las vides, los pámpanos y permanecer. Poco después de llegar al jardín, uno de Sus amigos más cercanos, uno de los discípulos que en realidad debió haber estado aquí en Juan 15 con todos los demás, se revelaría como el traidor de Cristo.

La vida en la tierra puede ser así. Está creada para traicionarnos. Nuestro cuerpo, con el tiempo nos fallará. Nuestros amigos nos decepcionarán. Nuestro cónyuge, incluso si no nos traiciona, demostrará ser menos que el «todo» que pensábamos que era cuando nos casamos con él. (Nosotras, las esposas, para ser justas, no somos más confiables). Nos molestaremos con nuestros hijos. Nuestra casa y nuestro auto se echarán a perder. La tecnología funcionará mal en un momento crítico. El gobierno hará promesas que no podrá cumplir. Simplemente estamos rodeados de personas, lugares y cosas que con frecuencia son menos de lo que esperamos. Y una de esas personas fue la persona que vimos en el espejo de nuestro baño anoche.

Pero Jesús dijo que nunca nos dejará ni nos abandonará. La razón por la que podemos darnos el lujo de «permanecer» en Él es porque Él ha prometido permanecer en nosotros. Y no solo *permanecer* en nosotros, sino seguir empoderándonos, seguir dándonos vida, seguir invirtiendo en nosotros, seguir trabajando dentro nuestro.

Esa es la seguridad que podemos experimentar al estar conectados a «la vid verdadera» (Jn. 15:1). No nos traicionará. Su vida nunca nos decepcionará. Él no nos defraudará ni dejará de estar presente en los momentos en que más lo necesitamos. Si llueve, la vid está ahí. Si graniza, la vid está allí. Día y noche, invierno y verano, la vid es nuestra conexión constante con el alimento espiritual y la tierra firme.

La misma seguridad que obtenemos al estar conectados con la vid, también la recibimos al ser cuidados por el viñador.

El propósito del «labrador» (el viñador) en la ilustración de Jesús en el camino, así como en nuestra realidad actual, es obtener la mayor cantidad de fruto posible de Su amada viña. Él contempla cada rama bajo Su cuidado vigilante con la intención de ayudarnos a producir la máxima cantidad de fruto para el cual Él nos creó.

Las ramas de una vid abundante también pueden experimentar desafíos en cualquier momento. Hay otras fuerzas que están pesando sobre ellas o invadiéndolas, eso puede afectar su capacidad para recibir lo que necesitan para crecer. Pueden ser derribadas por un viento fuerte, algunas de las ramas pueden acabar arrastrándose por el suelo, donde con mucha facilidad terminan siendo enterradas bajo el barro, cubiertas con escombros externos o corren el riesgo de ser pisoteadas. Algunas ramas se encuentran enredadas entre los matorrales de otras ramas, lo que impide que la luz del sol les llegue, sobrepoblando su espacio e impidiéndoles producir a su máxima capacidad.

De modo que, Dios nuestro Padre, en la viña en la que están Sus discípulos, hace por nosotros lo que el labrador veterano y experimentado hace entre las vides: con guantes puestos, botas de trabajo y herramientas de jardinería afiladas en la mano.

Cuando hemos caído en el lodo del pecado y de la rebelión, el Señor se inclina y nos levanta. Él limpia de nosotros la suciedad que tenemos por haber estado en el hoyo y, como labrador que es, vuelve a colocar las ramas en su lugar, las asegura en un enrejado cercano. Nuestro Padre lleva nuestros rostros hacia la luz, para vivir otro día bajo el cuidado de Su gracia y bondad.

Siéntete segura, compañera de rama. Él no nos dejará allá abajo, en medio de nuestros peores momentos. «Si confesamos nuestros pecados, él es fiel y justo para perdonar nuestros pecados, y limpiarnos de toda maldad» (1 Jn. 1:9). No podemos florecer en la tierra. No estamos hechos para las condiciones de vida precarias en el barro donde a veces procuramos ir y quedarnos. No será fácil salir adelante. Nos estirará de maneras a las que nuestras voluntades no están acostumbradas a adaptarse. Pero la disciplina y la corrección del viñador, aunque es incómoda, la llevará a cabo con nuestro bienestar en mente. Él trabaja arduamente para liberarnos del pecado y reubicarnos para un mejor crecimiento.

Pero Él también hace algo adicional. Algo más profundo.

Él nos poda para detener el crecimiento que estamos *creyendo* que es crecimiento.

Porque es posible que un pámpano florezca abundantemente, de modo que para el ojo inexperto parece ser el más sano del grupo. Pero el jardinero sabio sabe que este exceso de follaje puede ir en contra del verdadero potencial del pámpano. La meta del jardinero para sus pámpanos no es que la flor brote de forma impresionante. Sino que Él está en busca de las uvas.

Vale la pena decir nuevamente esta dura verdad. Es posible que estemos floreciendo, pero no fructificando. Podemos ser impresionantes, pero no producir. Podemos ser los más devotos en las redes sociales, pero no estar honrándolo en nuestros corazones. Podemos aparentar que tenemos todo el brillo del éxito espiritual y, sin embargo, estar asfixiándonos con nuestra reputación orgullosa.

Pero siéntete segura, compañera de rama. Él te ama demasiado como para permitirte tener la apariencia de ser fructífera sin realmente serlo.

Así que las tijeras tienen que entrar en escena, para podar lo que es innecesario, lo que incluso pueden ser cosas buenas, pero que te están agobiando y enredando para que no lleves el fruto que Él tenía en mente cuando te plantó.

Hace un tiempo atrás vivíamos en un camino rural que, a ambos lados, tenía altas y espesas áreas de vegetación. Era refrescante conducir a través de él. Ramas llenas de hojas que brillaban bajo la brisa solar. Los árboles eran tan altos que formaban un techo frondoso.

Pequeños puntos de flores silvestres aparecían a lo largo de los troncos, agregando aromas de color al camino campestre.

Entonces, un día, mientras me dirigía a casa por nuestro hermoso paraíso de dos carriles, casi me detuve en seco en el camino. Los podadores habían estado allí y habían dejado sus marcas de poda. Montículos de ramas, ramitas y hojas débiles yacían en pesados montones a lo largo de ambas zanjas. Los árboles ahora parecían mutilados, los fragmentos de madera de sus ramas cortadas sobresalían en ángulos ásperos y puntiagudos. Donde antes la belleza era lo único que se podía ver, ahora se podía ver a través de las recortadas ramas. No fue agradable. No me parecía justo.

Algunos de los vecinos llamaron a la oficina del condado. ¿Cómo pudieron haber permitido que esto sucediera? ¿Por qué vendrían y desfigurarían nuestra calle de esta manera? ¿Qué sería de toda la sombra y el ambiente que había tardado todo este tiempo en crecer y desarrollarse?

Pero los vecinos más sabios y con más antigüedad sabían que no era así, al igual que los asesores agrícolas que habían enviado a los hombres a trabajar en este proyecto. «Denle seis meses», nos dijo uno de nuestros amigos cercanos mientras lamentábamos la pérdida de lo que habíamos llegado a amar, «y volverá mejor que nunca. La poda lo hace posible».

El labrador no es solo un plantador; también es podador. Él «poda las ramas», con el propósito de hacer «que den aún más» fruto (Jn. 15:2, NTV). Así que Su poda no es un problema; es una promesa. Es por nuestro bien. Es para nuestro crecimiento.

Un buen amigo puede mudarse y trasladarse a otro lugar, pero Dios solo nos está podando a través de esta pérdida para producir más fruto. Podemos perder nuestro trabajo, nos pueden negar nuestra postulación; pero nuestro Dios solo está cortando algo de nosotros para fomentar un nuevo crecimiento en nosotros. Una oportunidad que habíamos deseado durante mucho tiempo puede estar escapándose de nuestras manos, pero nuestro Padre, el labrador, solo permite lo que hacen los mejores y más sabios jardineros. Él nos está podando, hasta el fondo si es necesario, con la expectativa plena de una temporada más abundante de productividad y frutos.

Puede sentirse como una restricción dura, cruda e irracional. Pero para quien lo ha entregado todo a Él, incluso la poda puede ser recibida como un consuelo amoroso, la seguridad de que Él no ha dejado de obrar para cumplir Su propósito en ella. En nosotras.

Experimenta la *abundancia*

Cuanto más envejezco, con menos facilidad me impresiona la gente. No me impresiona lo ostentoso. No me impresiona el talento. No me impresiona lo que es popular y lo que aparece en los titulares. Nada de eso. Lo que más me impresiona ahora son las personas que están dando fruto con fidelidad.

No la fama, sino el fruto.

No la fortuna, sino el fruto.

No los seguidores, sino el fruto.

No los amigos, sino el fruto.

«No me elegisteis vosotros a mí», les dijo Jesús a Sus discípulos, «sino que yo os elegí a vosotros» y...

> «Os he puesto para que vayáis y llevéis fruto, y vuestro fruto permanezca; para que todo lo que pidiereis al Padre en mi nombre, él os lo dé» (Jn. 15:16).

Fruto. ¿Cuál es este «fruto» del que está hablando?

El fruto que la vid produce a través de nosotros son pensamientos, actitudes y acciones que glorifican a Dios. Hacemos buenas obras que bendicen a los demás y llaman la atención hacia Él. El fruto del Espíritu crece dentro nuestro: «amor, gozo, paz, paciencia, benignidad, bondad, fe, mansedumbre, templanza» (Gá. 5:22-23).

- En lugar de ser egoístas, tenemos un corazón de siervo, como el de Jesús.
- En lugar de ser cobardes, somos valientes, como lo es Jesús.

- En lugar de estar ansiosos, podemos descansar, estamos relajados y somos pacientes, como lo es Jesús.
- En lugar de estar amargados, somos comprensivos y perdonadores, como lo es Jesús.

El corazón y la humildad de *Cristo* brilla a través nuestro.

Pero eso no es todo, porque Su fruto no puede permanecer contenido en el interior. «Todo buen árbol da buenos frutos», dijo Jesús (Mt. 7:17). Los cambios que ocurren dentro nuestro eventualmente se convierten en cambios duraderos que suceden fuera de nosotras, en formas visibles, de formas notables, en formas que nos identifican como seguidoras genuinas de Jesús y que tienen valor eterno. «Para que vean vuestras buenas obras, y glorifiquen a vuestro Padre que está en los cielos» (Mt. 5:16). «En esto es glorificado mi Padre, en que llevéis mucho fruto, y seáis así mis discípulos» (Jn. 15:8).

Esta es la vida abundante, amiga mía. No cosas. No el dinero. No los clics. No las comodidades. El propósito detrás de la transferencia de vida y poder que Dios nos hace, desde el Padre, a través del Hijo y por la presencia del Espíritu Santo, es capacitar nuestras vidas completamente entregadas para que produzcan frutos de eterno valor. No para lograr un éxito temporal, sino para tener una producción duradera año tras año. No para quedar bien ante las cámaras, sino para parecerse a Jesús ante el mundo.

Vale la pena la entrega completa porque completa cada uno de Sus gozos y los nuestros.

Los discípulos no se esfuerzan por ser discípulos. Renuncian a sus esfuerzos y luego permanecen en Cristo. *Descansan* y *reciben* de la vid verdadera y auténtica, encuentran su *seguridad* en Su presencia y producen una cosecha *rica* y eterna a partir de Su vida.

Lo rindo todo

El corazón me dice: «¡Busca su rostro!».
Y yo, SEÑOR, tu rostro busco
Salmos 27:8, NVI.

Al reflexionar sobre tu vida, ¿qué actividades, buenas obras, trabajo ministerial, plataformas u otras formas de influencia has dejado que sobrepasen tu prioridad de permanecer en Jesús?

_____

_____

_____

_____

_____

_____

_____

_____

_____

_____

_____

Si has sentido monotonía en tu vida espiritual, considera en oración tu respuesta a las siguientes preguntas de este capítulo:

- ¿Las actividades ministeriales públicas que realizas ocupan más espacio en tu vida que las disciplinas espirituales privadas que fortalecen tu amistad con Jesús?
- ¿Te emociona mucho hacer actividades *para* Jesús sin tener una amistad ferviente y verdadera *con* Jesús?

_____

_____

_____

_____

_____

_____

_____

_____

_____

_____

Analiza con alguien el principio de permanecer, alguien a quien admires por la relación profunda que tiene con el Señor. ¿Cuáles son las prioridades y los ritmos de su crecimiento espiritual que puedes imitar?

_____

_____

_____

_____

_____

_____

_____

_____

_____

_____

_____

_____

_____

Para lecturas adicionales:

Salmos 63:1 • Salmos 105:4 • 1 Juan 2:6

Capítulo 3

Todo lo que eres

Mas a cuantos lo recibieron, a los que creen en su
nombre, les dio el derecho de ser hechos hijos de Dios
Juan 1:12, NVI.

El 9 de marzo de 1974, un teniente del ejército japonés de cincuenta y un años salió de un escondite en la selva de la pequeña isla filipina de Lubang.[1] Los que se encontraron con él se sorprendieron. Su uniforme estaba desgastado y le quedaba muy grande, colgaba de manera desordenada alrededor de su cuerpo delgado. Su cinturón tenía una serie de accesorios e instrumentos analógicos obsoletos, útiles para la supervivencia y la misión encubierta. El mango de una pistola era visible en su cintura y una espada samurái colgaba peligrosamente de su lado izquierdo.

Era obvio que había participado en algún tipo de batalla, o al menos todavía era capaz de hacerlo. Sin lugar a duda todavía estaba preparado para hacerlo. Parecía un soldado, pero de otro tiempo, de una época que ya no existía.

La última vez que se le vio había sido durante la Segunda Guerra Mundial, treinta años atrás, en 1944, cuando fue enviado a defender la remota pista de aterrizaje de esta isla para que no fuera utilizada por aviones enemigos. Aunque los japoneses se habían rendido poco después de que comenzara su trabajo clandestino, las noticias nunca le llegaron oficialmente. Nunca supo que debía abandonar su misión.

Incluso cuando los aviones estadounidenses lanzaban panfletos desde el aire para informarle a los soldados que quedaban que la guerra había terminado, él no lo creyó. No lo *podía* creer. De acuerdo con el código de batalla que se le había enseñado durante el entrenamiento de combate, la identidad de un soldado era fija e inmutable. Se le había dicho que el soldado nunca se rinde. Al soldado nunca se lo lleva como prisionero. El soldado nunca se da por vencido. El soldado muere luchando o sigue luchando para siempre.

En su mente, su antigua identidad era su única identidad.

Por demasiado tiempo permaneció enfrascado en el cumplimiento de los deberes que correspondían a su asignación original, viviendo de la tierra en la pobreza, robando alimentos de los agricultores de la zona para sobrevivir y preparándose para una batalla de la que hacía tiempo ya había sido liberado.

No fue hasta que su oficial superior, quien ya estaba retirado, viajó de Japón a Filipinas y lo liberó formalmente de sus órdenes arcaicas, que el viejo soldado accedió a ceder, deponer las armas, salir de la selva para regresar a casa y abandonar el personaje de soldado de la Segunda Guerra Mundial. Solo entonces dejó de librar una batalla que ya había terminado años atrás.

Recién en ese momento consideraría asumir...

Una nueva identidad.

❧

Piensa en este capítulo como tus nuevas instrucciones, compañera de milicia. Escucha a tu Oficial Superior ordenarte que dejes los accesorios que pueden haberte servido en una época pasada pero que ahora ya no te sirven. La forma de vida que puede haber funcionado para ti en tu realidad pasada ya no se alinea con esta nueva a la que has sido llamada a disfrutar. Asume la nueva identidad que es tuya, legítimamente. Es el momento. Deja de actuar como si todavía estuvieras en una batalla que ya se ha ganado. Quítate la vieja ropa de guerra que no se ajusta a la libertad y abundancia en la que estás llamada a existir ahora. Deja de vivir por debajo de tus posibilidades espirituales, luchando, escondiéndote y viviendo con miedo. Eso no es lo que eres.

Ya no.

Aquí no.

Ahora no.

No más.

Tienes una nueva identidad.

El discipulado, en su esencia, es una cuestión de *identidad*. De una identidad equivocada. De una identidad fuera de lugar. Cada vez que sentimos una falta de deseo para rendirlo todo, con frecuencia nuestro problema se centra en que no entendemos de quiénes somos realmente como vencedores en Cristo.

Porque si supiéramos en este momento para qué nos ha salvado Él, si realmente creyéramos lo que Su Palabra nos dice sobre quiénes somos ahora, lo rendiríamos todo y cancelaríamos esta batalla. Iríamos a donde la verdad nos lleva. Estaríamos convencidas de que no hay nada que ganar cuando tratamos de aferrarnos a lo que hemos conocido antes o a las ideas sobre el estilo de vida que siempre hemos mantenido. Le rendiríamos todo a Él porque sabríamos que nuestra identidad está segura en Él y cambiaríamos todo nuestro estilo de vida para alinearnos con nuestra *nueva* identidad.

Cuando te convertiste en creyente, se produjo un cambio en tu identidad, inmediata y necesariamente. Se te dio el regalo de una nueva naturaleza. Tu vieja naturaleza murió, la que fue contaminada por el pecado y era obligada a seguir sus demandas, la que fue capturada por las lujurias impías del pecado, incapaz de caminar en libertad y plenitud.

Tu «vieja naturaleza» fue «crucificada» con Cristo, «para que nuestro cuerpo pecaminoso perdiera su poder, de modo que ya no siguiéramos siendo esclavos del pecado»

(Ro. 6:6, NVI). La obra terminada de Jesús en la cruz acabó con el dominio del pecado sobre tu vida. En lugar de ser gobernada por él por más tiempo y en lugar de que te esté diciendo qué hacer en cada capricho c impulso del diablo, recibiste el poder del Espíritu Santo para cambiar el tipo de decisiones que podías tomar. En lugar de estar equipada para servir al pecado, estás equipada para servir a Dios, para honrarlo con tu vida, para vivir con el propósito de ponerlo a Él primero en todo.

Muchos creyentes no crecen más en su fe solo porque no son conscientes de este cambio fundamental de identidad.

Todavía piensan que la versión original y enferma de pecado de sí mismos es la que rige. Basándose en su pasado, sienten que no tienen más remedio que seguir su ejemplo insensato. Ya sea porque no se les ha dicho o simplemente porque no han sido capaces de entender este cambio transformador en su vida, no entienden por completo que su identidad pasada ya no es su identidad actual, que Dios los «libró del dominio de la oscuridad», que los «trasladó al reino de su amado Hijo» (Col. 1:13, NVI), que «las cosas viejas pasaron; he aquí todas son hechas nuevas» (2 Co. 5:17). Ellos y nosotros, ahora estamos *muertos al pecado*.

Y...

Estamos *vivos para Dios*. Muertos a lo que nos mata, vivos a lo que nos salva. Así como Cristo no solo fue crucificado, sino que también resucitó, nosotros también hemos experimentado no solo la muerte de nuestro viejo yo, sino también la resurrección de nuestro nuevo yo. Aunque en otro tiempo estuvimos «muertos en pecados», Dios nos «dio vida juntamente con Cristo» y «juntamente con él nos resucitó, y asimismo nos hizo sentar en los lugares celestiales con Cristo Jesús» (Ef. 2:5-6). Es un cambio de identidad maravilloso para la eternidad.

La razón por la que nuestra historia de redención no se detiene en la cruz es porque la muerte no es el final de la historia. Estar muertos al pecado es simplemente nuestro punto de partida. Nuestra nueva identidad resucitada nos sitúa de manera asombrosa en lugares celestiales con Cristo y nos coloca en una posición de victoria eterna, donde por Su Espíritu podemos escuchar a Dios, agradar a Dios, buscar a Dios y tener un pensamiento transformado por la mente de Dios. No estamos hablando de otra persona. Eres tú. Es quien tú eres.

Muertos al pecado, completamente vivos para Dios.

Pablo, aun tratando de comprender la maravilla de lo que significaba el misterio majestuoso de lo que Jesús había hecho por él, lo expresó de la siguiente manera en otra de sus cartas del Nuevo Testamento:

> Con Cristo estoy juntamente crucificado,
> y ya no vivo yo, mas vive Cristo en mí; y
> lo que ahora vivo en la carne, lo vivo en la

fe del Hijo de Dios, el cual me amó y se
entregó a sí mismo por mí (Gá. 2:20).

«Así también vosotros» —dijo— «consideraos muertos al
pecado, pero vivos para Dios en Cristo Jesús» (Ro. 6:11).
Esta declaración de tu identidad, como alguien «muerto
al pecado» y «vivo para Dios», forma el fundamento real y
racional para tu discipulado y tu vida rendida por completo
en Cristo.

Pero ¿lo creerás cuando lo escuches?

¿Seguirás creyéndolo cuando lo dudes?

El primer capítulo de Efesios es el lugar más concentrado
en las Escrituras en el que podemos ver nuestra identidad
cristiana en un solo lugar. Te animo a que, si no puedes
ahora mismo, hagas tiempo para leerlo pronto. Después léelo
de nuevo. Luego una vez más. Medita sobre ello. Saborea sus
palabras y frases. Envuelve tu corazón y tu mente alrededor
de ellas. (También cítaselas a tus hijos y nietos para que sus
propias vidas puedan ser moldeadas por ellas).

Separa un momento de las próximas veinticuatro horas
para que Efesios 1 impacte todos los aspectos de cómo
piensas sobre ti mismo como creyente en Cristo. Será un
tiempo bien invertido.

También considera estos otros aspectos que descubrirás sobre quién eres en Cristo:

Has sido elegido. «Según nos escogió en él antes de la fundación del mundo, para que fuésemos santos y sin mancha delante de él» (v. 4). Él no solo nos eligió para cambiarnos; Él nos eligió para aceptarnos. De eso se trata la parte que dice «santos y sin mancha». Me refiero a que nosotros sabemos mejor que nadie lo lejos que han estado nuestras vidas de ser «santas y sin mancha». Sin embargo, Dios, en Su amor y misericordia, está justificado al considerarnos puros porque hemos recibido la vida de Jesús dentro de nosotros. Somos «santos y sin mancha» para Él porque Él ve en nosotros la pureza «santa y sin mancha» del sacrificio de Su Hijo por nosotros. Es por esto que somos aceptables a Él.

La Biblia dice que Dios no puede morar con el pecado (comp. Sal. 5:4; Hab. 1:13), pero Él puede aceptar aquello que es santo. Tú y yo somos santas porque Él ha elegido hacernos santas e irreprensibles delante suyo. Esto es lo que eres.

Eres perdonada. «En quien tenemos redención por su sangre, el perdón de pecados según las riquezas de su gracia» (Ef. 1:7). Estás libre de condenación. Absuelta en Su tribunal celestial. Eres libre para vivir y caminar dentro del ancho océano azul de Su gracia, en lugar de los estrechos y exigentes límites de la culpa y la vergüenza.

Eres una heredera. Has heredado un tesoro tremendo, «las riquezas de la gloria de su herencia en los santos» (v. 18). Puede que no seas rica según los estándares financieros del mundo de hoy, pero tu Benefactor divino te ha prometido una abundante provisión espiritual, más espléndida y duradera que cualquier oferta o posesión conocida por el hombre. Gran parte de tu herencia te está esperando en tu morada eterna con Dios, pero incluso las primeras muestras de ella, incluido el «Espíritu Santo de la promesa» que vino a vivir en ti «habiendo creído» (v. 13), está más allá de todas las bendiciones que podríamos atrevernos a merecer. Tu Dador se deleita en dártelas debido a quién eres tú para Él.

Así que ahora, consideremos el potencial transformador de la vida para cualquiera de nosotros que elija rendirse a esta nueva identidad, viviendo a la luz de estos tres componentes.

Piénsalo: eres aceptada y elegida, escogida a dedo por Dios, ya no necesitas probarte a ti misma ante los demás o buscar su aceptación, sabiendo que ya eres aceptada por el único cuya opinión sobre ti realmente importa. Si realmente pudieras creerlo, ¿cómo afectaría la forma en la que eliges responder en tus redes sociales o si acaso eliges responder en absoluto? ¿Cómo te ayudaría a determinar dónde inviertes la mayor parte de tu tiempo y energía, ya sea aceptar una oportunidad o proyecto en particular, aceptar una invitación o rechazarla con confianza? ¿Calmaría la ansiedad que burbujea dentro de tu alma cuando te sientes excluida por los demás o cómo respondes cuando te han pasado por alto o te han malinterpretado?

¿Qué hay con ser *perdonada*? Tal vez eres de las personas que se esconde casi automáticamente cuando siente vergüenza o alguien que toma muchas de sus decisiones basándose en la culpa y en la autoacusación. ¿Cómo cambiarían estas tendencias en una persona a la que Dios ha perdonado para siempre? ¿Qué puedes hacer ahora cuando esos viejos sentimientos invaden tu corazón? Por ejemplo cuando te sientes paralizada por el arrepentimiento, cuando tienes miedo de volver a Él porque has retrocedido y has cedido ante otro fracaso y te sientes tentada de sentir que eres una gran decepción para Dios. Si supieras que eres perdonada, si te dieras cuenta de que «perdonada» es la descripción real de tu identidad, ¿no traería más claridad cuando tengas que tomar decisiones sobre tu vida? ¿No te sentirías más liviana y libre? Respirarías más tranquila y ya no permitirías que los errores del pasado dictaran el resultado de tu realidad actual y futura.

Como *heredera* de una gran riqueza espiritual, de «toda bendición espiritual en los lugares celestiales en Cristo» (v. 3), ¿seguirías rebuscando entre lo que queda en las sobras de tus amistades o de tus relaciones amorosas? ¿O elegirías ser parte de esfuerzos e interacciones que corresponden a una persona que es considerada por su Padre por tener valor infinito para Él? ¿No cambiaría la forma en que abordas situaciones y otros encuentros en los que sueles sentirte en desventaja o con pocos recursos? En lugar de funcionar desde una postura de escasez y carencia, ¿no podrías permitirte servir y sacrificarte, de ser generosa con alegría, sabiendo que tu herencia nunca puede disminuir al derramar bendiciones sobre los demás?

Por ser quién eres. Por tu nueva identidad. Así es como finalmente llega a tener sentido el rendirlo *todo*.

Porque estás ganando más de lo que estás entregando.

Si estás buscando una sola imagen que te ayude a capturar tu identidad en Cristo, Efesios 1 te ofrece la imagen más adecuada: *la adopción*.

Mi prima Anne acogió a una niña hermosa por tres años. Durante ese tiempo, desarrollaron un vínculo dulce que entretejió sus corazones de una manera indeleble. Aun así, los derechos de los padres y familiares y, con mucha razón, están firmemente protegidos en nuestro sistema legal. Por lo tanto, cualquier acción tomada por una madre de acogida para oficializar su relación con un niño al que ha llegado a amar y cuidar, incluso cuando está claro que sus padres biológicos no serán responsables, es una tarea ardua y lenta. Uno no busca adoptar legalmente sin primero determinar en su corazón que lo va a hacer y estar dispuesto a esperar mucho tiempo para que el motivo de su amor sea por fin suyo.

En este caso, aunque no ocurre en todos los casos, se tomaron todas las posibles vías para restablecer las relaciones de la niña con sus parientes, pero estos siguieron sin comprometerse y sin cooperar. Su interés por la niña era fácil de cuestionar, dadas las promesas que rara vez cumplían y el agravamiento emocional que añadían a una situación que ya era tensa y difícil. Pero a pesar de la validez de los argumentos que Anne hizo sobre por qué su hogar ofrecía un entorno más estable y adecuado para que esta niña creciera y prosperara, el tema permaneció en duda durante lo que pareció una eternidad.

Casi tres años y miles de lágrimas después, incluyendo docenas de noches sin dormir y un ciclo interminable de mediaciones y casos judiciales, Marie finalmente se convirtió en la hija legal de Anne. En el instante en que el juez golpeó el martillo y declaró que la adopción era definitiva, toda la identidad de esta niña cambió.

Tenía un nuevo apellido y lugar al que llamar hogar. Tenía un nuevo padre y futuro, junto con todos los derechos y privilegios que vienen por ser parte de una nueva familia.

Escucha esto: el acceso que su familia anterior mantenía con ella fue terminado legalmente. Ya no tenían *derecho* a interactuar con ella a su antojo. No podían exigirle nada ni tomar decisiones para su vida. Como resultado de esta nueva dinámica, oficial y ordenada por la corte, el vínculo restrictivo que tenían con ella se rompió.

Lo viejo se fue; lo nuevo había llegado.

Déjame decirte, querida hija de Dios, que este cambio adoptivo de identidad es lo que el Señor ha hecho por ti y por mí también.

> En amor habiéndonos predestinado para ser adoptados hijos suyos por medio de Jesucristo, según el puro afecto de su voluntad, para alabanza de la gloria de su gracia, con la cual nos hizo aceptos en el Amado (Ef. 1:5-6).

Has sido adoptada por una nueva familia. En virtud de este renacimiento, ahora tienes acceso a todas las bendiciones que tu nuevo Padre se deleita en darte. No es necesario que te lo ganes; no es necesario que te comportes de cierta manera para mantenerlos. Son tuyos. Tu identidad siempre será tuya porque eres una hija cuyo Padre te buscó, te eligió, te integró en Su cuidado, te ama ferozmente y siempre cumple Sus promesas.

Pero tu adopción también significa algo más. Así como es cierto que Dios te ha dado algo nuevo, Él te ha quitado algo viejo. El acceso sin obstáculos que tu enemigo usaba para dañarte, maltratarte y mantenerte sujeta a sus designios e influencia ahora ha terminado por completo. Él está legalmente impedido de gobernarte, ahora que Dios tu Padre te ha reclamado. Tratará de interferir contigo y buscará formas de atraer tus afectos de vuelta hacia él. Intentará hacerte creer que todavía tiene el poder de obligarte a hacer lo que dice. Pero escúchame con atención: no lo tiene. Se le terminó el tiempo. Él puede venir a buscarte, pero puedes llamar a la Autoridad si es que lo hace.

Eres libre de moverte por el refugio, mi compañera en el camino del discipulado. Libre de vivir en un hogar donde estás segura. Libre de vivir en una relación en la que eres amada. Eso significa que eres libre de vivir en una familia de seguidores donde la práctica del discipulado que lo entrega todo es la nueva normalidad.

Pero para experimentarlo, debes que creerlo. Cree ahora quién eres, tal como Su Palabra habla sobre ti. Parte de tu privilegio como la hija adoptiva de tu Padre celestial es absorber e incorporar esta nueva identidad espiritual tan completamente en tu alma que se infiltre en toda tu vida diaria. A lo largo de tu vida, de una estación y de un año a otro, de gracia en gracia y de gloria en gloria, sigue renovando tu mente para comprender el alcance de lo que realmente significa ser *Su* hija adoptiva.

Acostúmbrate a ser llamada por un nuevo nombre, para ser conocida como Su amada.

Empieza a hacer el cambio hacia una nueva dinámica familiar, en la que tu Padre es fiel y verdadero, Su hogar es el tuyo y está abierto para ti, y Su amorosa misericordia dice que siempre hay esperanza de restauración, incluso después de una caída.

Empieza a vivir a la luz de los recursos de tu nueva familia en lugar de pensar en ti misma como inferior y empobrecida, deja de sentir la necesidad constante de sobresalir en esas competencias sin sentido que tenemos con los demás.

Eres alguien nuevo.

Créelo, sal y vive como tal. Replantea y consolida tu nueva identidad en tu mente porque te permitirá caminar en victoria como una verdadera discípula.

Sería una lástima que, a medida que creciera, Marie nunca ejerciera los derechos que ahora son suyos para que los disfrute. ¿Qué pasaría si, en cambio, eligiera permanecer atrapada en la idea de que no tenía más remedio que convertirse en un producto de toda la disfunción de su situación anterior y que no podía liberarse de ella ni esperar otra vida que la que le ofrecía? Así es como viven muchos cristianos.

Tal vez asisten a la iglesia y usan parafernalia religiosa, pero todavía piensan que la versión antigua de sí mismos es la descripción más precisa de su identidad.

Es posible que quizás los veas con frecuencia escribir en redes sociales sobre su fe, pero por dentro se sienten atados a una vida en la que no pueden decirle «no» a la tentación y en la cual no ven como algo viable el rendirse completamente a Cristo.

A veces leen su Biblia para marcar su lista de tareas pendientes del día, pero el estado de ánimo en el que viven nunca ha cambiado para vivir como las Escrituras llaman a hacerlo para quienes están en Cristo. Todavía viven como si los deseos de su carne fueran los capitanes de sus vidas, en lugar de darse cuenta de que estos tiranos ya no tienen poder sobre alguien que está *muerto al pecado y vivo para Dios.*

Nos cuesta mucho creerlo, ¿no? A pesar de la avalancha de mensajes que recibimos desde el púlpito de la iglesia y de las páginas de las Escrituras cuando estamos en casa diciéndonos que debemos sentirnos seguros y victoriosos, que somos herederos de gran abundancia, muchos creyentes ignoran estas verdades como si solo fueran buenos deseos espirituales. Pero si elegimos *permanecer* en Jesús, si elegimos creer lo que Dios dice sobre nuestra *identidad* en Él y luego tomamos decisiones por nosotros mismos, elegimos cómo comportarnos y cambiamos nuestras perspectivas para estar alineados, esta guerra que seguimos peleando por dentro puede convertirse en una entrega con la que finalmente podemos vivir.

Cristo ya ha hecho la parte que es imposible y difícil para que esta identidad sea una realidad para nosotros. Murió por nosotros para adoptarnos. Todo lo que tenemos que hacer ahora es cooperar con Él para que haga crecer en nosotros el corazón de discípulos, aquel corazón que produce el fruto para el cual Él nos ha salvado.

⸺⁓⸺

Durante el confinamiento del COVID de 2020, hice muchas actividades para las que no había tenido tiempo antes. Uno de los pasatiempos que adopté fue la jardinería. Ahora, para que quede claro, no tengo buena mano con las plantas. Aun así, estaba ansiosa por intentarlo, pero sabía que necesitaba mantenerlo lo más simple posible.

Entonces, en lugar de hacerlo a la antigua cavando en el patio trasero, pedí uno de esos sistemas de jardinería hidropónicos de interior que trae todo lo que necesitas para que funcione. No quería quedarme a expensas del sol abrasador de Texas o de la lluvia ocasional de verano.

Esta torre de jardinería independiente, según la publicidad, me permitiría cultivar frutas y verduras dentro de mi casa durante la cuarentena. Funciona usando luces circulares, que se configuran con temporizadores para que se enciendan y apaguen en intervalos precisos, junto con una bomba de agua que hidrata el suelo. Parecía un gran plan y que requeriría poco de mí.

Varios días después de que hice mi pedido en línea llegó a la puerta de mi casa un paquete enorme. Traía todas las partes necesarias para comenzar mi jardín: la torre, la bomba de agua, las luces circulares, los temporizadores, las semillas, la tierra, además de algunos nutrientes y vitaminas adicionales. Todo en una sola caja. Una vez que reuní todo el equipo y sincronicé el temporizador para las luces y el agua, la última tarea fue plantar las pequeñas semillas. Por más que este sea un sistema de jardinería lujoso y de última generación, no es capaz de producir nada para comer si es que no incluye el componente fundamental que Dios ha provisto para crear los alimentos:

Las semillas.

Cuando piensas en ellas te das cuenta de que realmente son bastante sorprendentes. Las semillas que venían en mi paquete ya tenían dentro suyo todo lo necesario para producir aquello para lo que fueron creadas. Todo lo que se necesita para que se convirtieran en una planta, para luego convertirse en una guarnición que yo misma había cosechado y para ser puesta en la mesa de la cena familiar, estaba dentro de cada una de sus pequeñas y resistentes cáscaras.

Esas semillas ya contenían todo lo que había dentro de ellas para crecer y convertirse en lo que el manual de instrucciones decía que podían llegar a ser. Darles ese potencial es el trabajo de Dios. Solo Él puede hacer eso. Pero tenía que encargarme de plantarlas en los recipientes adecuados. Una vez plantadas, si quería que crecieran sanas, tenía que ser diligente y disciplinada a la hora de alimentarlas con la alimentación semanal prescrita para ayudarlas a florecer y desarrollarse.

Ponte a pensar, ¿de qué sirve tener una semilla que no estoy dispuesta a cultivar?

Conectemos esta analogía ahora con las vidas que todos estamos cultivando en el jardín de nuestras almas y luego veamos cómo las lecciones se convierten en una vida fructífera.

La Biblia dice de nosotros, los creyentes, que en el momento de la salvación, la semilla de la naturaleza santa de Dios fue colocada dentro nuestro, creando el potencial para que Él haga lo que solo Él puede hacer: producir algo puro y sagrado a través nuestro. Él depositó una semilla, «no de simiente corruptible, sino de incorruptible» por la «palabra de Dios que vive y permanece para siempre» (1 P. 1:23).

La semilla de nuestra nueva naturaleza necesita ser nutrida, cuidada y cultivada si esperamos que se desarrolle como debería. Si la semilla no crece, no se puede culpar a la semilla. El problema es con aquel a quien se le ha dado la semilla para que la cuide y la administre.

Aquí hay otra forma de imaginarlo. Cuando Jerry y yo vimos por primera vez en la ecografía a cada uno de los tres humanos pequeños que una vez llevé dentro de mi vientre muchos años atrás, no vimos nada más que algo parecido a un pequeño punto del tamaño de una castaña de cajú con un latido cardíaco que palpitaba constantemente. Hoy, nuestros tres hijos se están convirtiendo en hombres grandes y fuertes. Ahora que tienen veintiuno, diecinueve y quince años, puedo decir que los días de tenerlos en mis brazos han quedado atrás. Admito que cada vez que los veo todavía me sobresalto al principio. No puedo creer que todo ese vello facial, definición muscular y voz profunda pudiera haber salido de lo que vi por primera vez de ellos en el consultorio de mi ginecólogo.

Sin embargo, en esa pantalla, en forma de semilla, esos pequeños cacahuates ya eran los hombres grandes, altos, fornidos y de un metro noventa en los que se han convertido ahora. Solo necesitaban que se les diera la oportunidad de crecer.

Vaya, Jerry y yo hemos estado lejos de ser perfectos en nuestra crianza, pero tratamos de tomar en serio la tarea de fomentar un ambiente en nuestro hogar que contribuyera a ayudarlos a alcanzar su máximo potencial de adultos. Necesitaban ser alimentados (¡Señor, ten piedad, sí que se alimentaban!). Necesitaban ser animados, corregidos, guiados, educados y que se les proveyera gracia mientras se tomaban el tiempo que necesitaban para madurar. Cumpliendo con todas estas tareas y más que todo, con la misericordia de su Padre celestial de su lado, estos bebés que alguna vez balbucearon crecieron para ser únicos física, emocional y mentalmente. Se convirtieron (y siguen convirtiéndose) en lo que Dios ya había codificado dentro de su ADN físico. Todo lo que hemos hecho como padres ha sido cooperar con el proceso de crecimiento.

Es una *cooperación*, ¿ves?, esa es la palabra correcta para usar: *cooperación*. Cooperamos con el Espíritu Santo creando el ambiente adecuado en nuestro corazón para que florezca la semilla de nuestra identidad espiritual. Despejamos el camino para que Él nos haga crecer en la dirección en la que tiene la intención de llevarnos. Cuando respondemos a Su obra en nosotros, Él nos convierte en seguidores a los que puede guiar hacia una vida fructífera y con propósito.

Si estuviera en tu lugar, me prepararía para subrayar la siguiente oración. Así es como cooperamos con Dios en este proyecto de jardinería en nuestro interior: nosotros (1) renovamos nuestras mentes en Su Palabra; (2) cultivamos diligentemente una amistad con Jesús a través de la oración; (3) prestamos atención a la convicción del Espíritu; (4) creemos y obedecemos para que no entristezcamos al Espíritu ni entorpezcamos Su obra.

Este tipo de actividades cooperativas crean un espacio propicio para que el crecimiento espiritual ocurra de forma natural dentro nuestro. Ellas son parte de lo que el apóstol Pedro quiso decir cuando nos dijo que nos esforzáramos con «toda diligencia» por crecer en Cristo (2 P. 1:5). Preparamos el suelo de nuestros corazones para que el Espíritu Santo trabaje en nuestro interior. Sentamos las bases para que Él convierta nuestra entrega total en algo que a la vez lo glorifique, traiga vida, nutra y edifique a todos los que nos rodean. No *hacemos* las cosas para ganarnos el favor de Dios; solo tomamos lo que sabemos sobre nuestra identidad redimida para colaborar con Él en Su propósito de transformar a los creyentes ordinarios en discípulos comprometidos que dan fruto.

Como sabes, la salvación es un regalo. Se nos da de forma gratuita por la gracia de Dios, para ser recibido por la fe en Cristo como nuestro Salvador. Fue costoso para *Él*, pero es un regalo invaluable para nosotros.

Sin embargo, el discipulado no es un regalo. El discipulado es una invitación divina, una oportunidad para que tomemos esta nueva identidad que se nos ha dado en Cristo y hagamos que nuestras actitudes y acciones coincidan con ella, de modo que sea congruente con nuestra vida cotidiana.

Nuestra tarea no es fabricar fruto, ese es solo nuestro intento de impresionar a otras personas o de buscar la aceptación de Dios. Recuerda, *Él* es la vid, es el responsable del fruto que produce el pámpano. Nuestra tarea es tan solo estar de acuerdo con Él sobre lo que esta semilla de vida nueva que nos ha dado es capaz de lograr, aceptar lo que Él ha recreado en nosotros, permanecer en Él y darle acceso completo y sin restricciones a nuestras vidas. Esta es *Su* obra que se lleva a cabo en *nuestro* terreno fértil.

Esta es la esencia del discipulado.

Esta es la razón por la que malentender nuestra identidad inhibe el obrar de Su Espíritu Santo. Nos hace como el terreno espinoso en la parábola de Jesús de la semilla, donde «las preocupaciones del mundo y el engaño de las riquezas ahogan la palabra, y se queda sin fruto» (Mt. 13:22, NBLA). Cuando el ambiente no es saludable, la semilla no crece, entonces el discípulo no da fruto. Pero cuando nos damos cuenta de que algo no está bien, nos forzamos a vernos y sentirnos como creemos que se ve y siente una persona que está creciendo en Cristo: haciendo más, trabajando más duro. Nos esforzamos y luchamos, tratando de demostrar que nuestra fe es real. Pero el crecimiento es irreal y falso. Termina por fallarnos. Nuestra vida se vuelve ineficaz. Entonces, el enemigo se aferra a nuestra frustración, acusándonos de fracasar en una tarea para la que ni siquiera habíamos sido llamadas a realizar.

No necesitamos *hacer* las cosas para Dios, solo necesitamos un corazón y una mente coherentes con nuestra identidad. Muerta al pecado, viva para Dios. Aceptada y perdonada. Ha sido gratis y es suficiente. Él puede trabajar con eso. Él puede cultivar algo en ese jardín.

La razón por la que la vida de un discípulo está marcada por una cosecha tan saludable, sólida y evidente —saludable desde el inicio, en cada área de su vida— es porque ha dejado de ser el responsable de su crecimiento. Ella ha aprendido a ser simplemente su ayudante. El fruto que ves es el fruto del Espíritu Santo.

El fruto del verdadero discipulado está enraizado en su nueva identidad espiritual.

Lo rindo todo

Bendito sea el Dios y Padre de nuestro Señor Jesucristo,
que nos bendijo con toda bendición espiritual en los
lugares celestiales en Cristo
Efesios 1:3.

¿En qué formas tiendes a subestimar tu identidad espiritual? ¿Quién o qué ha contribuido a que tengas esta perspectiva distorsionada y cuáles han sido las consecuencias en tu vida?

_____

_____

_____

_____

_____

_____

_____

_____

_____

_____

_____

¿Estás fortaleciendo la semilla de la nueva vida que el Padre depositó en ti? ¿O has dejado de alimentarla? ¿Qué estás considerando al escribir esta respuesta?

¿Qué ajustes reconoces que son necesarios y te compro-
metes a hacer para asegurarte de que alimentas, nutres y
cultivas la salud espiritual en el futuro?

_____

_____

_____

_____

_____

_____

_____

_____

_____

_____

_____

_____

_____

_____

_____

_____

Lecturas adicionales:

Lucas 8:14-15 • Colosenses 1:9-10 • Colosenses 2:6-7

CAPÍTULO 4

Todo en lo que te estás convirtiendo

*Por lo cual, hermanos, tanto más procurad hacer
firme vuestra vocación y elección;
porque haciendo estas cosas, no caeréis jamás*
2 Pedro 1:10.

M i hijo Jude está en la escuela secundaria, es un joven de voluntad firme, ama la diversión, tiene una mente inquisitiva y un interés notable por explorar las posibilidades y superar los límites. Hay días en los que recuerdo cuando era más pequeño y noto rastros de estas cualidades que se remontan hasta sus primeros días de vida.

Recuerdo una ocasión en la que solo tenía cinco o seis años. Estábamos de compras con la familia en un centro comercial. Teníamos que subir al segundo piso, llegamos a las escaleras mecánicas y todos las subimos uno por uno y empezamos nuestro lento pero constante ascenso. Ya estábamos en camino cuando miré a mi alrededor y me di cuenta de que Jude no estaba con nosotros. ¿A dónde se había ido?

No tardé mucho en descubrirlo. Frente a nosotros, en la escalera mecánica de al lado, estaba Jude haciendo un viaje mucho más emocionante al segundo piso. Mientras que nosotros estábamos quietos, dejando que el impulso lento de la escalera mecánica nos llevara hasta arriba, Jude había decidido que sería mucho más interesante y mucho más divertido subir por la escalera mecánica que *descendía*. Al parecer, había corrido hacia el otro lado mientras nosotros íbamos subiendo y ahora subía agitado y sin aliento por la escalera que bajaba, contra el tráfico de compradores del centro comercial que estaban incómodos y que sin duda se preguntaban qué clase de madre tan terrible dejaría que su hijo hiciera eso.

Sorprendida lo llamé de inmediato y le dije que dejara que la escalera mecánica lo llevara de regreso hacia abajo, de la manera en que todos los demás lo estaban haciendo y luego que viniera aquí y se subiera en nuestra escalera mecánica. Sonrió con su sonrisa tímida, se encogió de hombros, se dio la vuelta y dejó que la máquina hiciera lo que la máquina hace. Lo llevó hasta el suelo sin esfuerzo.

Porque *bajar* era la dirección en la que la escalera se dirigía.

Me río al pensar en ese día, recordando la aventura de mi hijo precoz. Todavía puedo verlo avanzando y caminando en contra de la corriente de esa escalera mecánica. Estaba siendo muy intencional, muy determinado, muy consistente, colocando un pie intrépido delante del otro.

Le estaba costando mucho esfuerzo adicional lograr su objetivo: *subir* un montón de escaleras que estaban *bajando* de forma continua y lo llevaban en la dirección *opuesta* a la que él quería ir.

La neutralidad no era una opción para él en la posición en la que él mismo se había colocado. Si dejaba de moverse y *no* subir, automáticamente lo llevaría hacia abajo. Porque cuando estás parado sobre algo que se mueve hacia abajo, no necesitas hacer nada mal para perder terreno. No necesitas hacer nada en absoluto. No requiere ningún esfuerzo, solo dejarte llevar.

Pero para ir hacia arriba, sí requiere de esfuerzo.

༄

Estamos en un planeta y en una cultura que va hacia abajo. Toda la humanidad va en esa dirección. Puedes ver cómo sucede a nuestro alrededor, el descenso natural hacia la decadencia y el deterioro. Desde los problemas medioambientales hasta las tendencias económicas, pasando por la cruda enemistad entre los grupos étnicos y las naciones en guerra, todo parece ir cuesta abajo sin ningún tipo de freno.

Lo vemos sobre todo en la trayectoria de la moralidad humana, descendiendo en una espiral veloz, alarmante y sin precedentes. La decadencia de la decencia cultural es evidente, así como la disminución del respeto por los valores e ideales que las Escrituras defienden y los cuales reverenciamos aquellos de nosotros que seguimos a Jesús. La brújula ética de la sociedad apunta claramente hacia el sur porque «el mundo entero está bajo el maligno» (1 Jn. 5:19). Las personas no solo son _tolerantes_ con el mal, sino que están _enamoradas de_ él: «amadores de sí mismos», «amadores de los deleites», tal como la Biblia nos dice que serán en estos días (2 Ti. 3:1-5). Esta realidad no debería sorprendernos: ver al mundo aplaudir a los lascivos, apoyar a los escandalosos y perpetuar constantemente ideas e ideales que son indecentes. Pero sí debemos estar enterados de lo que está sucediendo para poder estar vigilantes de la respuesta que daremos.

Porque, al igual que Jude en la escalera mecánica, la neutralidad no es una opción.

No podemos quedarnos aquí asumiendo que podemos seguir la corriente y elevarnos naturalmente cada día para ser más semejantes a Cristo. Nuestro deseo de madurez espiritual, nuestro enfoque en las prioridades del reino es completamente opuesto a la dirección en la que este mundo avanza.

Por lo tanto, nosotros, los discípulos que caminamos a un ritmo diferente, que servimos a un Rey diferente y que perseguimos un propósito diferente, debemos prepararnos para nadar en contra de la corriente. No me refiero a que está en nosotros lograr este esfuerzo, porque siempre es obra de Cristo. Sino que la dirección en la que Él nos está llevando como pámpanos en la vid es una estocada en contra de los vientos predominantes que nos están empujando hacia atrás como creyentes, especialmente en nosotros como discípulos. Debemos estar dispuestos a ir allí, a crecer allí, a vivir «de una manera digna de la vocación con que han sido llamados» (Ef. 4:1, NBLA). De *dar un paso al frente*. Tomar decisiones, elegir conductas y mostrar la moderación necesaria para alinearnos con la obra que Su Espíritu está haciendo en nosotros y a través de nosotros. Somos responsables de dar un paso adelante en este esfuerzo. Bajar es fácil, pero subir demanda ser persistente. Requiere constancia. Se necesita intencionalidad.

Implica «esfuerzo».

Mencioné esta palabra en el capítulo anterior tal como aparece en los escritos del apóstol Pedro. La razón por la que he esperado hasta ahora para profundizar en ella es porque no quería que escucharas «esfuerzo» y sintieras mucha presión: «Ay no, algo más para mi lista de tareas». Porque, lo sé, ya tienes un millón de cosas con las cuales lidiar. Todo lo que te falta son siete bolas más para que hagas malabares, ¿verdad? Eso no es lo que debe ser la lista de pasos bíblicos de este capítulo para nosotros como discípulos: otra montaña que mover, otra montaña que escalar. Así que antes de llegar a la parte en la que Pedro nos dice que nos «esforcemos al máximo» para correr cuesta arriba contra la fuerza de este mundo que nos confronta, al igual que nuestra carne y nuestro enemigo, hagamos lo que siempre debemos hacer cuando leemos la Palabra: pedirle al Espíritu que nos ayude a verlo en su contexto.

El llamado bíblico «esfuércense al máximo» se nos presenta en 2 Pedro 1:5 (NTV), pero el preámbulo de esta apelación viene en los versículos 3-4, donde habla de las mismas cosas que tú y yo ya hemos abordado hasta ahora en las páginas de este libro.

- El «divino poder» de Dios que ya «nos ha dado todo lo que necesitamos para llevar una vida de rectitud».
- Cómo Él nos «llamó por medio de su maravillosa gloria y excelencia» a ser Sus hijos adoptivos amados.
- Las «grandes y preciosas promesas» que son nuestras al estar en relación con Él...
- ...que nos permiten «[participar] de la naturaleza divina», cooperar libremente con Él...
- ...en «[escapar] de la corrupción del mundo, causada por los deseos humanos».

«Esforzarnos al máximo» no es el punto de partida. «Pon manos a la obra» no es la primera línea del discurso de Pedro. La «razón» por la que podemos «esforzarnos al máximo» es lo que aparece descrito en los versículos 3-4, el cimiento sólido de lo que se nos ha dado y el poder continuo que recibimos de Él todos los días. «Porque [no es tu fuerza, sino que] Dios es el que en vosotros produce así el querer como el hacer [es decir, fortalecer, revitalizar y crear en nosotras el anhelo y la capacidad de cumplir nuestro propósito], por su buena voluntad» (Fil. 2:13). Esa es nuestra motivación y nuestra capacidad para no quedarnos aquí, atrapados en la inactividad, despilfarrando toda esta energía e inversión santa.

Hay que atrevernos a ser un Jude, es decir, desafiar la gravedad, manteniendo la curiosidad sobre el potencial que se nos ha dado, descubriendo lo que es posible si es que decidimos que ya hemos visto esta película en la que flotamos en la marea el tiempo suficiente hasta que nos arrastra a una costa lejana de indiferencia, apatía, escepticismo o pecado, a un lugar al que nunca tuvimos la intención de ir.

En cambio, veamos lo que esta vid sagrada puede hacer cuando realmente permanecemos en ella. Veamos lo que nuestra nueva identidad puede hacer cuando cooperamos con ella y nos rendimos a nuestro Señor. Veamos si realmente ganamos nuestras vidas cuando nos divorciamos de esas cosas que atesoramos (y esos pecados que atesoramos) sin las cuales creemos que no podemos vivir, y nos casamos con la promesa que Jesús le hace a cada discípulo que finalmente está dispuesto a entregarlo todo.

«En vista de todo esto», dijo Pedro, «esfuércense al máximo» para ser discípulos que crecen en todas estas diferentes áreas, cultivando muchos tipos de frutas diferentes y deseables, añadiendo a nuestra...

> fe, virtud, y a la virtud, conocimiento; al conocimiento, dominio propio, al dominio propio, perseverancia, y a la perseverancia, piedad, a la piedad, fraternidad y a la fraternidad, amor (2 P. 1:5-7, NBLA).

Virtud

Empecemos aquí nuestro camino: esfuércense al máximo y «añadan a su fe, virtud» (2 P. 1:5, NBLA). Algunas traducciones lo llaman «buena conducta» (DHH) o, más formalmente, «excelencia moral» (NTV). De cualquier forma, la palabra griega original se refiere a algo o alguien que está cumpliendo su propósito de existencia. Cuando algo tiene *virtud*, funciona de la manera en que su fabricante lo pretendía. Está operando de acuerdo con su diseño. Está logrando aquello para lo que fue creado.

Por lo tanto, cuando un automóvil conduce, está exhibiendo virtud. Cuando un pez nada, está exhibiendo virtud. Cuando un pájaro vuela, una campana suena, una banda toca o una bicicleta avanza, está expresando su virtud interna.

Entonces, ¿qué hace una seguidora de Cristo para evidenciar que tiene virtud, para invocar este tipo de reconocimiento obvio de las personas que la ven? ¿Para qué fue creada? ¿Cómo hace un discípulo vivo en cada lugar al que va?

> ...ya sea que coman, que beban, o *que hagan cualquier otra cosa*, háganlo todo para la gloria de Dios (1 Co. 10:31, NBLA, énfasis añadido).

Glorificar a Dios es el propósito principal y la meta más alta para un seguidor de Jesús. Aún en todos los comportamientos más fundamentales de la vida, desde el comer y beber, fuimos creados para vivir, respirar y ser anuncios vivientes para nuestro Creador. Esto es, en esencia, lo que significa glorificar a Dios. Significa mostrarlo, reflejar sus ideales y llamar la atención sobre Él.

Es triste ver que muchas personas han relegado la glorificación manifiesta del Señor, a los que sirven en el ministerio a tiempo completo. Pero colocar a Dios en el centro no es exclusivo para los ministros, predicadores y evangelistas. Ellos también tienen que hacerlo, claro. Pero este llamado también se aplica a cada persona que se llama a sí misma discípulo. Hemos sido creadas para operar con una excelencia que honra a Dios en cualquier lugar de la vida que se nos ha asignado.

- La médica debe llamar la atención sobre su confianza en Dios, incluso mientras atiende a sus pacientes.
- La abogada debe ver a cada cliente como una tarea divina mientras los representa en la sala del tribunal.
- La maestra debe utilizar su influencia de forma apropiada y creativa para enseñarle a sus alumnos sobre Cristo y Sus principios.
- La empresaria debe construir sus negocios con una base sólida de integridad que refleje el carácter de su Padre, incluso mientras genera ingresos.
- La madre debe entender que la responsabilidad gozosa y agotadora de criar a esos niños pequeños es su oportunidad sagrada de educarlos en los principios de Dios para vivir. Ella es la compañera de Dios en moldear sus vidas para honrarle.
- La artista, poeta o compositora debe ver cada guion, monólogo o letra como su oportunidad de reflejar los ideales de Cristo e impactar su industria por la excelencia de su creatividad trabajadora.
- La activista por la justicia social debe abogar por los marginados y los desatendidos, mientras que al mismo tiempo facilita un

cambio social que dirija la cultura hacia los principios bíblicos. Debe hacerlo todo sin vergüenza en el nombre de Jesús, solo para la gloria de Dios.

El discípulo entiende que no hay separación entre la parte sagrada de su vida y la parte secular: la parte de los domingos y la parte de lunes a sábado. Para ella, todo es sagrado. El rumbo de sus acciones y responsabilidades en todo lo que ella es y hace, todo lo que se le ha asignado, está continuamente apuntando en la dirección de Su gloria.

Considera la siguiente revelación poderosa.

En el idioma hebreo, el término utilizado para transmitir «trabajo» y «adoración» no son dos palabras diferentes, como lo es en nuestro idioma español. En cambio, ambos se resumen en la palabra *abodá*. A lo largo de las Escrituras, este sustantivo se usa más de mil veces para expresar la conexión distinta pero entrelazada entre estos aspectos de la vida. Esta unidad de pensamiento puede ampliar nuestra comprensión de la adoración desde cantar canciones en la iglesia, a elevar nuestra percepción de lo que Dios quería que nuestro trabajo lograra. Para los antiguos hebreos, no había separación entre su trabajo cotidiano y su servicio y adoración a Jehová. Estos actos no estaban divididos en categorías separadas de la vida. Sino que los consideraban uno y lo mismo. Su trabajo, cuando se hacía con integridad y para Dios, era su adoración y su servicio hacia Él.

Hay *virtud* en mantener este tipo de perspectiva.

Pero, vaya, ¿qué tan contracultural es en nuestra cultura occidental que ha segmentado estos aspectos de la vida? Estar enfocado en Su gloria en lugar de la tuya no es la dirección en la que todas las demás personas van en la escalera mecánica. Pero cuando ves esta prioridad en alguien, especialmente en alguien que sobresale en su trabajo o en su campo, la diferencia es notable e inolvidable.

Nunca olvidaré estar en una habitación de hospital con un familiar al que estaban preparando para un procedimiento quirúrgico bastante serio. Las enfermeras habían estado entrando y saliendo nerviosas durante varias horas, monitoreando los signos vitales, completando el papeleo, insertando vías intravenosas, administrando medicamentos. Pero justo cuando pensábamos que el siguiente rostro que entraría por la puerta sería la persona que llevaría al paciente al quirófano, fue el cirujano quien entró en la habitación.

Su sonrisa era pacífica. Su semblante era tranquilo. Nos preguntó a los dos si teníamos alguna pregunta y con mucha paciencia las respondió todas.

A continuación, hizo una pregunta. «¿Estaría bien si orara por ti antes de que empecemos?». ¡Por supuesto que sí! Habiendo dicho eso, inclinó la cabeza, puso su mano habilidosa sobre el hombro de mi ser querido y le pidió al

Señor que presidiera todos los aspectos del procedimiento y que fuera glorificado a través del resultado.

Pudo ser tan solo un médico con bisturí, pero sus batas escondían a un discípulo devoto. Sin embargo, podíamos reconocerlo con claridad porque su virtud se estaba revelando. Él fue un ejemplo espectacular de lo que Jesús les dijo a todos sus seguidores que hicieran: «Así alumbre vuestra luz delante de los hombres, para que vean vuestras buenas obras, y glorifiquen a vuestro Padre que está en los cielos» (Mt. 5:16).

Cada discípulo, en *virtud* de nuestro llamado, está aquí para hacer lo mismo que todos los demás discípulos: honrar a Dios, hacer avanzar Su reino, buscar formas de difundir Su gloria a través del lugar en el que Él nos ha puesto para trabajar y vivir. Cuando hacemos esto, en lugar de enfocarnos con intensidad en los logros exitosos que nuestra cultura aplaude como si fuesen lo más importante, estamos expresando virtud. Estamos dando un paso adelante hacia el verdadero propósito para el que fuimos creados. Para el discípulo, no hay mayor fuente de satisfacción que esa.

Conocimiento

Cuando Jerry y yo empezamos a salir, una de las formas en las que supe que lo que sentía hacia mí era serio, no fue tan solo por cómo se esforzaba por pasar tiempo conmigo, sino también por los temas que quería que conversáramos cuando estábamos juntos.

Ya fuera durante nuestras largas horas al teléfono o durante las comidas que compartíamos cuando salíamos, siempre me hacía preguntas para saber sobre mi vida, sobre quién era. Quería saber más de mí, igual que yo quería saber más de él, de esta otra persona de la cada uno se estaba enamorando.

Cuando Pedro nos dice que busquemos el «conocimiento» (2 P. 1:5), no está hablando tan solo de ser más inteligente. Sino que se refiere a construir un conocimiento íntimo sobre la persona de Jesús: quién es Él, qué implica Su carácter, qué refleja Su corazón. Ser inteligente es aplaudible, pero una persona puede conocer hechos sobre las Escrituras y la historia que la rodea sin tener una amistad profundamente arraigada con Jesús. Para ser discípulos que se mantienen en pie y avanzan en una cultura que se ha ido al abismo, no basta con conocer la información en general. Necesitamos conocer a *Jesús*, no un programa, ni la política denominacional, ni las diversas reglas y regulaciones que se esperan de nuestra afiliación religiosa. El objetivo del discípulo, como Pedro y Pablo nos dicen, es llegar a conocer a Jesús tan profundamente como sea humanamente posible a lo largo de nuestra vida.

A fin de conocerle (Fil. 3:10).

Esta declaración del apóstol Pablo es la ambición diaria de un verdadero discípulo: saber todo sobre esta Persona a la que estamos entregando nuestras vidas.

Estamos en una relación de amor con Jesús. Su carta de amor a nosotros, la Biblia, es una expresión de Su compromiso con nosotros y Su búsqueda de nosotros. Así que siempre que leemos la Biblia, el objetivo final no es conocerla, sino conocer al Autor de esta. Como cualquier carta de amor, ha sido escrita para señalarnos al Amante que escribió las palabras, no solo para llenar nuestra cabeza con información.

No hay duda de que Él nos ha dado formas de conocerlo, sobre todo a través de las Escrituras (Jn. 5:39) y a través del testimonio interior de Su Espíritu, que «tomará de lo mío» y nos declarará la verdad de Dios (Jn. 16:15), quien nos «enseñará todas las cosas, y os recordará todo lo que yo os he dicho» (Jn. 14:26). Él también nos ha dado la oración, la oportunidad que tenemos en todo momento de hablar con Él, sabiendo que Él nos ha invitado no solo a escucharlo, sino también a hacer una pausa y escuchar lo que Su corazón nos responde.

Es un «esfuerzo», sí, pero el amor hace que valga la pena. El mismo amor que impulsó a Jerry a conducir por kilómetros fuera de su ruta habitual para verme, debería de impulsarnos a apagar nuestros dispositivos y sumergirnos en el Buen Libro. La misma actitud que le permitió ver los inconvenientes como oportunidades para fortalecer nuestra relación debería de llevarnos a dedicar tiempo a nuestro Salvador, en lugar de desperdiciarlo preocupándonos por nosotros mismos.

Cuando le decía a Jerry que no necesitaba hacer tanto esfuerzo para venir a verme, me decía que era un placer, que estaba contento de hacerlo. Las cosas importantes y los pequeños detalles; todo valió la pena para conocerme. ¡Vaya! Yo no me lo merecía. Pero Jesús sí lo vale. Él quiere que lo conozcamos, que nos familiaricemos con Él en mayor profundidad. Él quiere que hagamos crecer el tipo de relación que se desarrolla no por poner más deberes de la iglesia en nuestro calendario, sino simplemente por pasar tiempo con Él: «creced en la gracia y el conocimiento de nuestro Señor y Salvador Jesucristo. A él sea gloria ahora y hasta el día de la eternidad» (2 P. 3:18).

Hagamos todo lo posible para agregar *conocimiento* a nuestra *virtud*.

Dominio propio

No es necesario prestar mucha atención a los acontecimientos actuales para decirnos que nuestro mundo ha decidido que la clave de la felicidad y la satisfacción se encuentra en saciar todos los deseos, en esperar una gratificación instantánea y en perseguir implacablemente nuestros propios intereses a cualquier precio. Sin embargo, se necesita un discípulo devoto de Jesús para escuchar y responder con el estilo de vida equilibrado y prudente que Él nos ha llamado a seguir.

El discipulado exige dominio propio.

Controlarse a uno mismo.

Cada uno de nosotros vive con tendencias, deseos e inclinaciones que nuestra carne sigue con naturalidad. Muchos de estos deseos, en sí mismos, no son pecaminosos. El deseo de ganar dinero o de comer, divertirse o tener sexo no son motivaciones inherentemente pecaminosas para que las reprimamos y las eliminemos. Incluso el deseo de sentir emociones fuertes y expresarlas no es pecaminoso en sí mismo.

Los deseos no nos hacen pecadores, los deseos nos hacen humanos. Pedro no está sugiriendo que ya no debas tener deseos; está diciendo que, como discípulo de Cristo, tus deseos ya no deberían controlarte.

Pablo lo dijo así:

> Todas las cosas me son lícitas, mas no todas convienen; todas las cosas me son lícitas, mas yo no me dejaré dominar de ninguna (1 Co. 6:12).

Esta era su forma de decir que el único poder controlador en nuestras vidas debería ser el poder del Espíritu Santo. «Porque el deseo de la carne es contra el Espíritu, y el del Espíritu es contra la carne; y estos se oponen entre sí, para que no hagáis lo que quisiereis» (Gá. 5:17).

Nuestros deseos, en otras palabras, pueden ser buenos sirvientes, pero siempre son los peores amos. Al entregarlos *todos* a Dios, Él nos permite refrenar estos deseos antes de que se conviertan en pecados: trabajar en exceso, comer en exceso, reaccionar en exceso, participar en inmoralidad sexual. Él los redistribuye de maneras que dan gloria a Dios. Él los pone a todos bajo el paraguas de nuestro principal deseo: nuestro deseo de conocer, amar y caminar con Jesús.

«El fruto del Espíritu es...» muchas cosas y debes tener la expectativa de experimentarlas todas. Crecen de forma simultánea en el pámpano de tu confianza permanente en Cristo. Una de ellas es el fruto del «dominio propio» (Gá. 5:23, NBLA). Y aunque con frecuencia parece que este fruto es el más difícil de obtener, y es imposible de cultivar por nuestra cuenta, sin embargo Dios hace que crezca en nosotros de la misma manera en la que crecen todos los demás.

Cuanto más nos apoyamos en Él, más nos impulsa hacia adelante. En aquellas áreas donde hemos fallado mil veces, antes de que lo imaginemos, Él estará permitiendo de forma sobrenatural que ascendamos por la escalera mecánica descendente. Él nos está empoderando para dar saltos y zancadas más amplios hacia el control de nuestro temperamento, hacia el control de nuestros impulsos, hacia el refrenamiento de la lengua, *haciendo* realmente cosas (o *no* haciendo cosas) que nunca habíamos podido hacer o no hacer de manera consistente. Todo porque hemos dejado de darle a nuestros deseos el poder final de decisión. Los hemos entregado a una nueva administración. La diferencia es como la noche del día.

No me he olvidado de que este pasaje de 2 Pedro fue escrito por Simón Pedro, quien no era precisamente el ejemplo del dominio propio. En el monte de la transfiguración, mientras Jesús resplandecía en gloria, Pedro parloteaba sobre la construcción de un centro de retiro para Moisés y Elías. Cuando Jesús estaba preparando a los discípulos para Su muerte cercana, Pedro dejó constancia de que nunca permitiría tal cosa. «Aunque todos se aparten por causa de Ti, yo nunca me apartaré», le dijo Pedro. «Jamás te negaré» (Mt. 26:33, 35; NBLA). Estoy segura de que sabes cómo terminó eso.

Pero algo le sucedió que lo cambió. El Pedro de este pasaje no parecer ser el mismo hombre que, cuando Jesús le dijo que un día sufriría la muerte por ser Su discípulo, señaló a Juan y dijo: «Señor, ¿y qué de este?» (Jn. 21:21). Con el tiempo, se había esforzado con determinación para dejar atrás uno de sus pecados más persistentes, rindiéndolo al poder transformador de Jesús. Tan distinto como el día y la noche. Dios puede redimir esas características de nuestro carácter que nunca creímos posibles. Cuando nos comprometemos a cooperar.

Piensa en el esfuerzo que cada una de nosotras ha estado dispuesta a implementar en áreas de nuestras vidas que tal vez hayamos permitido que se salgan de control en una temporada u otra. Cuando sentimos que hemos subido mucho de peso y queremos bajar unos kilos para estar más saludables, podemos llevar un registro meticuloso de nuestra alimentación, tomando nota de todo lo que hemos comido durante el día para asegurarnos de mantenernos por debajo de una cantidad de calorías predeterminada. Incluso dejaremos de comprar ciertos alimentos por completo en el supermercado, de modo que no nos tienten desde la alacena o el refrigerador. ¡Conozco a una mujer que decidió cambiar la ruta por la que manejaba todos los días al trabajo para no pasar por la tienda de pasteles cuando el letrero de «donas calientes» estaba iluminado!

Todo esto está bien. Es una buena cooperación. Tomar acciones para tener a quién rendirle cuentas. Pagar la membresía de un gimnasio, tal vez incluso contratar a un entrenador personal. Cortar una tarjeta de crédito o trabajar con un asesor financiero para limitarse a un presupuesto. Todo esto demuestra que estamos dispuestos a «hacer todo lo posible» cuando de verdad queremos algo. Hemos implementado todo tipo de estrategias de manera intencional para ayudarnos a tener autocontrol en diferentes áreas de nuestras vidas.

Pedro está diciendo que seamos igual de intencionales, o más intencionales, cuando se trate de desear la salud de nuestras almas y de nuestros espíritus. Tal como nos comprometemos con la salud de nuestros cuerpos y nuestras finanzas. Sin ser restringidos por el Espíritu que actúa en nosotras, con frecuencia no solo nos excederemos en las cosas buenas que tenemos la bendición de disfrutar, sino también abrazaremos con frecuencia las cosas malas que solo pueden hacernos daño.

De hecho, si practicamos el dominio propio de forma constante a lo largo de los altibajos de cada estación y circunstancia de nuestras vidas, este nos ayudará a agregar un cuarto atributo a nuestro desarrollo espiritual.

Perseverancia

A medida que me acerco al final de mis cuarenta y me acerco a mi cumpleaños número cincuenta, soy cada vez más consciente, me siento más cautivada y conmovida por discípulos que han demostrado resiliencia y que están marcados por ser «perseverantes» (2 P. 1:6, NBLA). Personas que son firmes.

Así como tú, he caminado a través de mis propias colinas y valles, mis propios picos y mesetas y he tenido muchas oportunidades de ver a otros pasar por altibajos también. ¡Qué poco comunes son los ejemplos de personas que atraviesan sus problemas con perseverancia, que los soportan con la suficiente fidelidad como para testificar sobre la bondad de Dios y darle gloria por ello al final! O, lo que es aún más asombroso, dan testimonio y le dan gloria antes de que el final se materialice. Incluso si nunca se resuelve.

¡Qué ejemplo tan alentador son aquellas personas que tal vez no sean famosas, ricas o ampliamente reconocidas, pero que han sido «firmes y constantes, creciendo en la obra del Señor siempre» (1 Co. 15:58).

Han *perseverado*. Me siento atraída, cautivada e inspirada por eso.

En lugar de tirar la toalla, en lugar de sucumbir al escepticismo y la amargura, estas personas han resistido por el poder del Espíritu Santo. Han conservado el rumbo. Han mantenido la mano en el arado. Permanecieron firmes y coherentes con su profesión de fe. Han seguido adelante a pesar de la resistencia.

Eso es lo que hace que sus ejemplos sean tan alentadores, porque *la perseverancia* implica haber enfrentado resistencia. Han superado la oposición. Hay un montón de escalones personales de escaleras mecánicas descendentes que han hecho su trayecto aún más arduo de lo que ya era. Mantenerse firme es una lucha. Requiere músculo, capacidad pulmonar y fuerza de voluntad.

En casi cada línea de las cartas de Pedro, tanto en 1 Pedro como en 2 Pedro, leerás sobre los muchos puntos de resistencia que todo seguidor entregado a Cristo enfrentará con seguridad. Pero sean cuales sean esos puntos de fricción y persecuciones en tu vida, el Espíritu está ahí para que sigas adelante. Creo que Pedro te diría: «Haz todo el esfuerzo necesario» para que puedas ver la obra del Señor, con aquel fruto que ha costado mucho esfuerzo, que es característico de Sus discípulos.

- Un año difícil en tu matrimonio. *Persevera.*
- Continuar soltera por enésimo año. *Persevera.*
- Un año difícil para construir tu negocio. *Persevera.*
- El año más difícil en la crianza de tus hijos. *Persevera.*
- En la tercera reparación grande de tu casa este año. *Persevera.*
- Un año difícil en la plantación y reestructuración de la iglesia. *Persevera.*

No te rindas ahora. Por el poder del Espíritu dentro de ti, sigue dando un paso a la vez. Día a día. Momento a momento. Él te está perfeccionando en esto. Él te está fortaleciendo a través de esto. Él está siendo glorificado por tu compromiso al perseverar.

Es una *decisión* que debemos tomar, sí, de «hacer todo el esfuerzo necesario», de ser determinadas, de mantener la perseverancia y la firmeza de nuestra fe. Tomamos una decisión. No endureceremos nuestro corazón, ni seremos vengativas, frías o resentidas. No nos rendiremos, no cederemos, no huiremos ni nos alejaremos. Perseveraremos con la fuerza sustentadora del Espíritu de Dios. Perseveraremos hasta que Él nos llame a casa.

Pero para ayudarnos a lograr una meta tan alta y difícil, necesitamos algo que poseen todas las personas de determinación y perseverancia a las que admiro, una cualidad que cada una de ellas tiene en común con el resto. Es el hilo conductor que teje las historias y dinámicas particulares de todas estas personas.

Piedad

El término en sí mismo tiene un peso sagrado: «piedad» (2 P. 1:7). Todos queremos ver más de ella al vernos en el espejo cada día. Pero suena un poco teórica, difícil de llevar a la práctica, piensa en la piedad como un estilo de *vida centrado en Dios*, uno que orbita constante y consistentemente alrededor de la conciencia de que Él está cerca, de que Él está presente.

Te conté de nuestro hijo Jude al inicio de este capítulo, me alegra decir que ya no es el niño pequeño al que necesitaba hablarle para que bajara de la escalera mecánica. Ahora es un adolescente de quince años. Desde su último cumpleaños, es el nuevo miembro de la familia (y felizmente el último) que está aprendiendo a conducir.

Le encanta conducir por la autopista. Se siente un poco más libre en los carriles amplios de la carretera. Me alegra decir que es un conductor bastante cauteloso, pero tiende a acelerar más de lo que su mamá preferiría.

Cada vez que viajo con él y le pido que por favor reduzca la velocidad, generalmente se ríe y se burla de mí. Dice que ahora soy una de esas «señoras mayores» que piensan que cualquier velocidad que supere los cincuenta kilómetros por hora es demasiado rápida.

Pero me he dado cuenta de que su interacción con el acelerador es diferente cuando está manejando por la autopista y ve que el coche de un policía está estacionado más adelante. Tan pronto como ve uno de esos conocidos patrulleros estacionados en el borde de la carretera, los cuales cuentan con un radar, puedo ver que los signos visibles de conciencia empiezan a aparecer. Primero, endereza su hombros, al mismo tiempo que empieza a soltar el pie del acelerador. Revisa su velocímetro para asegurarse de que está dentro de los límites indicados y su cerebro, que puede haber estado en piloto automático, se activa a su capacidad total y de repente se da cuenta de todo lo que le rodea.

Sabes bien cómo se siente, no solo para los conductores jóvenes de quince años, sino también para las personas adultas como nosotras. Darnos cuenta de la presencia del patrullero nos hace más conscientes de nosotras mismas y de nuestra forma de conducir. El patrullero en cuestión ni siquiera necesita detenernos ni hacer ningún movimiento para amenazarnos con una multa. El simple hecho de *estar allí* es todo lo que se necesita para tener un efecto inmediato en la forma en la que manejamos nuestro vehículo.

O bueno, al menos eso he oído.

Una persona piadosa es alguien que está consciente de la presencia de Dios a medida que avanza su día.

Ella está, para usar un par de palabras más que Pedro repite y quiere enseñarnos, «alerta» y es «sobria» (1 P. 4:7; 5:8, NBLA). La mujer piadosa sabe que, incluso cuando nadie está mirando, incluso cuando está físicamente sola con sus pensamientos y sus acciones, *Dios* está allí.

«Ni aun las tinieblas son oscuras para Ti», recuerda sobre Él. «Y la noche brilla como el día. Las tinieblas y la luz son iguales para Ti» (Sal. 139:12, NBLA). El Dios que la sostiene, que nunca está lejos, es el mismo Dios cuya presencia cercana la despierta a comportamientos, actitudes y respuestas que nunca elegiría si pensara que hay alguna posibilidad de ser vista y conocida.

Eso es *piedad*. Ese es un esfuerzo útil y cooperativo que podemos hacer para convertirnos en un discípulo que se entrega por completo. Saber que Dios está con nosotros nos recuerda nuestro deseo de honrarlo con todos nuestros pensamientos y acciones, un deseo que se ubica en la parte inferior de nuestra lista de prioridades cada vez que permitimos que otros deseos nos dirijan.

¿Ves cómo todos estos elementos esenciales y adicionales se combinan para completar nuestra entrega total para seguirlo a Él? Los necesitamos todos: *virtud, conocimiento, dominio propio, perseverancia*. También *la piedad*. Su presencia nos despierta de nuestra apatía espiritual y nos invita a vivir bien para Su gloria y a vivir con la belleza añadida del afecto fraternal.

Fraternidad

Esta palabra en el original griego proviene de *filéo* y *adelfós*. En la versión RVR60 se traduce como «afecto fraternal» (2 P. 1:7). De ellos derivamos el nombre de la ciudad «Filadelfia» que, como sabes, se le dice Philly: «La ciudad del amor fraternal».

En otras palabras, este es un término familiar. Se refiere a hermanos y hermanas unidos por un vínculo familiar.

Cuando naciste de nuevo, naciste en una familia que incluye a otros hijos. No eres hija única y yo tampoco lo soy. Tenemos hermanos espirituales en Cristo y nuestra actitud hacia estos miembros de la familia extendida debe ser de amor.

Y *amabilidad*.

La piedad alimenta de forma natural este llamado de fraternidad. Una persona santa y mezquina es, más que nada, alguien que ha perdido de vista estar rodeada y habitada por la naturaleza divina de Dios. Esta falta de conciencia se manifiesta en una actitud desagradable. La falta de piedad es uno de los lugares centrales de donde proviene la falta de bondad.

Si alguna vez hemos necesitado ser amonestados, desafiados y corregidos sobre cualquier aspecto como familia cristiana hoy en día, si hay un área donde la necesidad de mejorar es la más crítica, creo que es en este asunto de la fraternidad. Es imperativo que dejemos que el Espíritu transforme la forma cómo nos tratamos, no solo en privado, sino también en nuestros espacios digitales públicos y en nuestras plataformas de redes sociales. El estado de nuestro discurso cultural ha llegado a niveles mínimos deplorables.

Demasiadas personas están vomitando veneno, odio, desprecio y crueldad en espacios virtuales, con una facilidad y comodidad que asombra al contemplarla. Más aún cuando se hace para defender el nombre de Cristo. Eso es una afrenta a nuestro Padre celestial. Aquel que ha hecho todo lo posible para cerrar la brecha entre nosotros y un Dios santo, no ha ocultado el hecho de que también lo hizo para cerrar la brecha entre nosotros y los demás. La actitud que Él valora en nuestras relaciones es de «unidad» (Col. 3:14, NBLA), un deseo que Pablo acentuó: «hagan todo lo posible» (Ef. 4:3, NTV). La intimidación, la falta de amabilidad y la discordia que todos vemos, la falta de gracia y paciencia que con demasiada frecuencia escuchamos expresar, de ninguna manera refleja la gracia y la paciencia que se nos ha otorgado a través de Cristo.

Lo diré sin rodeos y sin reservas: la división entre nosotros en el cuerpo de Cristo es demoníaca. Cualquiera que tenga ojos espirituales para verlo es evidentemente consciente de la influencia del enemigo sobre nosotros, de la forma en que busca sembrar división y desunión. Lo hace al enfrentar una raza contra otra, una posición política contra la otra, una denominación eclesiástica contra la otra, cualquier cosa que encienda en nosotros un desprecio furioso hacia nuestros propios hermanos y hermanas en Cristo.

Ya es hora de que dejemos de echarle leña a ese fuego. Es hora de que «hagamos todo lo posible» para poner fin a su maldad.

Cada vez que mis hijos se pelean o discuten entre ellos suelo decirles: «No tienen que estar de acuerdo entre ustedes para ser amables el uno con el otro». También aplica para nosotros en la familia de Cristo. La unidad no significa que todos pensemos igual; lo que en realidad significa es unidad de propósito. Para nosotros, para todos nosotros, nuestro propósito y nuestra meta debe ser la misma. Existimos para glorificar a Dios. Debemos mantener Su gloria en primer lugar, incluso cuando no estamos completamente de acuerdo en ciertos detalles en asuntos secundarios de doctrina u opinión.

En el nombre de Jesús y por amor a Su gloria, *sean amables*.

Para ser clara, la palabra «fraternidad», no tiene el mismo significado que «amabilidad». Ser amable es solo una forma de ser. Puedes ser *amable* o puedes *no* ser amable. La amabilidad no es necesariamente una virtud. Las Escrituras no le dan mucha importancia a que practiquemos la amabilidad. Pero el Señor nos exhorta directamente a ser «bondadosos» y esa es una expresión de lo que *hacemos*.

¿Ser amable? Mucha gente es amable simplemente porque ese es su temperamento.

¿Pero ser bondadoso? La bondad es el amor en acción. Es ser intencional. Requiere esfuerzo.

Pedro nos está diciendo, como discípulos, que expresemos y hagamos de manera evidente y proactiva gestos de bondad hacia los demás.

Cuando nuestros caminos se cruzan con otras personas, ninguno de nosotros tiene la más mínima idea de cómo fue la primera parte del día del otro antes de que nos encontráramos. O la primera parte de su *vida*, en todo caso. No conocemos los demonios a los que se han enfrentado, las dificultades que han superado o los desiertos por los que han atravesado antes de llegar hasta este punto de nuestras vidas. Sin embargo, el Espíritu de Dios providencialmente nos ha reunido con ellos. La bondad activa que les ofrecemos en este momento podría ser la diferencia entre que alguien se dé por vencido o que elija vivir un día más.

Así que *haz todo lo posible*. Eso es lo que hacen los discípulos. Voluntariamente muestran una sonrisa sencilla. Ofrecen un regalo simple, incluso si solo se trata de contacto visual y atención personal. Entablan una conversación edificante con otras personas y se ofrecen a escuchar, no como otros que solo parecen interesados en callarlos.

Sé fraternal. Sé una hermana. Sé amable y generosa de espíritu.

Vive una vida bondadosa con propósito. En amor. Empieza hoy mismo.

Amor

¿No debería ser este el objetivo de todo lo que hacemos? No solo *el* amor *filéo*, el amor bondadoso y fraternal, sino el amor agápe. El amor de Dios. Este amor refleja el amor del Padre por nosotros, cómo Él «muestra su amor [*agápe*] para con nosotros, en que siendo aún pecadores, Cristo murió por nosotros» (Ro. 5:8). Un amor sacrificial. Un amor inmerecido. Un amor sorprendente. Un amor inimaginable. Al menos sería inimaginable si alguien más aparte de Dios lo estuviera haciendo.

O a cualquiera que Su Espíritu le diera poder para amar como Él ama.

Esas somos tú y yo, haciendo todo lo posible para tomar la decisión desinteresada de satisfacer las necesidades del otro con compasión, con valentía y con rectitud sin esperar nada a cambio. Como dijo Jesús:

> «En esto conocerán todos que sois mis discípulos, si tuviereis amor los unos con los otros» (Jn. 13:35).

Sí, la gente reconoce el amor *agápe* cuando lo ve.

El amor es sufrido, es benigno; el amor no tiene envidia, el amor no es jactancioso, no se envanece; no hace nada indebido, no busca lo suyo, no se irrita, no guarda rencor; no se goza de la injusticia, mas se goza de la verdad. Todo lo sufre, todo lo cree, todo lo espera, todo lo soporta.

El amor nunca deja de ser (1 Co. 13:4-8).

- Tiene *virtud*, un propósito deliberado de glorificar a Dios.
- Muestra un *conocimiento* vivo y efervescente de Cristo.
- Se caracteriza por *controlarse a sí mismo* desinteresadamente.
- Para *perseverar* se esfuerza con tenacidad pero también con ternura.
- Identifica a una persona comprometida con la *piedad*.
- Se compromete hermosamente con la *fraternidad*.

Estas son todas las características que un discípulo quiere que Dios produzca en su vida.

Está preparada para «hacer todo el esfuerzo posible» para unirse a Él en el proceso.

Pedro, hablando la verdad inspirada por el Espíritu Santo, dice que hay una promesa reservada para nosotros, los discípulos, que somos diligentes en *hacer todo el esfuerzo*...

> Pues estas *virtudes*, al estar en ustedes y al abundar, no los dejarán ociosos ni estériles en el verdadero conocimiento de nuestro Señor Jesucristo (2 P. 1:8, NBLA).

En otras palabras, adentrarnos en estas cualidades nos hace fructíferos, útiles para el propósito del reino y apoya el máximo potencial de nuestro propio crecimiento espiritual. Por el contrario, cuando no hacemos el esfuerzo de aumentar estas cualidades, nos hacemos daño, nuestro crecimiento espiritual se atrofia y nos tambaleamos por debajo del nivel de vida abundante para el que fuimos redimidos para vivir.

No solo le quitamos a los *demás* la bendición cuando los tratamos de manera cruel, sino que también le quitamos la gloria a *Dios* cuando apagamos la vida de Su Espíritu. Pasamos por alto la oportunidad de que sean nuestras vidas las que inspiren adoración a Aquel que hace cosas tan asombrosas a través de personas comunes como nosotros. Nos robamos a *nosotros mismos*. Le hacemos un cortocircuito a nuestra propia capacidad espiritual para madurar y abundar en Cristo.

Pero cuando constantemente *agregas* todos estos tesoros de carácter a tu fe, Dios hace algo extremadamente notable con las matemáticas. La Biblia dice que Él «*multiplicará* la siembra de ustedes y aumentará la cosecha de su justicia» (2 Co. 9:10, énfasis añadido). Él lo multiplica todo exponencialmente de vuelta a ti, más rápido de lo que puedes derramar la ofrenda de tu servicio dedicado a Él.

No significa que la escalera mecánica no será siempre un desafío, pero sí significa que Dios ha creado un camino para ti en el que puedes escalar los escalones descendentes y superar la fuerza que te lleva hacia abajo.

Por Su Espíritu. Para Su gloria.

Lo rindo todo

*Que Dios les dé cada vez más gracia y paz
a medida que crecen en el conocimiento de Dios
y de Jesús nuestro Señor*
2 Pedro 1:2, NTV.

¿De qué manera más evidente notas el declive de la cultura? ¿Cómo te afectan estos temas a nivel personal?

_____

_____

_____

_____

_____

_____

_____

_____

_____

_____

De las siete cualidades que Pedro menciona, considera en oración: ¿Cuáles son las tres en las que necesitas mejorar? ¿Cómo te está guiando el Espíritu Santo para que empieces a progresar en ellas en las próximas veinticuatro horas?

_____

_____

_____

_____

_____

_____

_____

_____

_____

_____

_____

_____

_____

¿De qué manera te pide el Señor que encuentres un equilibrio entre (1) descansar en Él, confiar en Su obra en ti y (2) esforzarte por colaborar en tu propio crecimiento espiritual?

Lecturas adicionales:

1 Corintios 15:58 • Filipenses 2:12-16 • 2 Pedro 3:18

CAPÍTULO 5

Todo lo que quieres

Deléitate asimismo en Jehová, y él te concederá
las peticiones de tu corazón
Salmos 37:4.

Por mucho tiempo tuvimos una regla en casa, cuando nuestros hijos se despertaban por la mañana, volvían a casa de la escuela o de alguna actividad, debían preguntarle a su padre o a mí: «¿Hay algo que pueda hacer para ayudar?», antes de continuar con su día. Es una frase corta, pero tiene un impacto profundo. Se extiende mucho más allá de los platos de la cena y la ropa para lavar. Realmente se trata de un entrenamiento en cortesía, necesario para formar a los jóvenes que son en los hombres en los que se están convirtiendo.

Considera la pregunta: ¿Hay algo que pueda hacer para ayudar? Requiere que piensen en las necesidades de los demás y que resistan la tendencia hacia el egocentrismo que existe en todos nosotros. Cuando están en casa y viven en un lugar donde reciben cuidado y beneficio continuo, no quiero que solo observen a los demás trabajando con afán para preparar la comida o limpiar las habitaciones, organizar espacios o mantener una casa que funciona bien y no se detengan a preguntar si pueden ofrecer algún tipo de apoyo. Quiero que se acostumbren al cambio de perspectiva que se centra en nuestra dinámica familiar en lugar de centrarse únicamente en ellos mismos. Así que desde que tengo memoria, hemos exigido que presten atención a lo que sucede a su alrededor y se hagan la pregunta: «¿Puedo ayudar?».

Como era de esperar, ¡les encanta!

(Quisiera que estuviéramos juntas ahora mismo para que puedas escuchar el sarcasmo en mi voz).

No conozco a muchos adolescentes (y algunos de los nuestros están en la universidad ahora y solo vuelven a casa cada cierto tiempo) que *quieran* ayudar a su madre con un rostro deseoso y entusiasta. Estoy segura de que existen algunos, en alguna parte del mundo, en algún rincón remoto, pero no en nuestra casa. Mis hijos, a lo largo de sus años de crecimiento, con frecuencia intentaban evitar la pregunta por completo. En lugar de hacerla, me saludaban rápidamente cuando llegaban a casa y luego pasaban corriendo junto a mí con la esperanza de que me hubiera olvidado completamente de lo que esperaba de ellos. Pero tan solo con levantar la ceja, sabían con certeza que me daba cuenta de lo que no estaban haciendo. *Habían quedado en evidencia.* Solo entonces, a regañadientes, me hacían la pregunta que yo quería escuchar, pero por lo general era un gruñido en volumen bajo que casi no se escuchaba. Lo decían con los hombros caídos hacia adelante y su nivel de energía era bajo y (si tenían el valor) volteaban los ojos hacia arriba.

Cualquiera de estas reacciones me revelaba el verdadero estado de su corazón. A pesar de que estaban haciendo lo que yo les había pedido, sus actitudes me revelaban que su corazón no estaba alineado con sus acciones. Lo veían como una obligación, «porque mamá me está obligando», no como una deleite. Aun así se lo exigía. Lo sigo exigiendo hoy en día. Pero nada satisface más mi corazón que cuando los escucho decir esas palabras y me doy cuenta desde la expresión de sus rostros hasta la postura de sus cuerpos, que «¿puedo ayudar?», proviene de un lugar de genuina gratitud y disposición.

Eso me sirve. A mis futuras nueras también les servirá, porque tendrán un esposo que se dará cuenta del esfuerzo que su esposa está invirtiendo en su hogar y en su relación en lugar de aparecer y esperar que el mundo gire a su alrededor.

Dios también puede hacer algo con una persona cuyo *deleite* está en Él, dándole la oportunidad de moldear el *deseo* de su corazón en el de un discípulo que se ha rendido por completo.

∽

El deseo piadoso no se puede fabricar. Cualquier intento que hagamos en nuestras fuerzas de empezar o renovar un amor ferviente en nuestros corazones por Dios, y una entrega a Su voluntad, solo puede darse como consecuencia de dos extremos: *emocionalismo* o *legalismo*.

A veces tan solo nos gusta cómo se siente ser cristianos. Podemos quedar atrapados en la adoración y declarar nuestro amor por Dios debido a todo lo que ha hecho por nosotros. Eso nos sostendrá por un tiempo hasta que ya no lo sintamos más, al menos no lo suficientemente fuerte como para ahogar el impulso interno de nuestro corazón que se deleita en servirnos a nosotros mismos. O quizás seguiremos sonriendo falsamente cada domingo mientras levantamos nuestras manos de forma mecánica, y aparentamos tener el amor sincero por Dios que se espera de nosotros. Pero no es una postura sostenible porque esa no es la pasión de un discípulo.

También puede que nos inclinemos a tener una disposición farisaica para mantener las reglas. Elaboraremos nuestro propio conjunto de reglas o seguiremos una versión exagerada de lo que las Escrituras requieren, lo que nos producirá orgullo y juzgaremos a los que no lo están haciendo. Pero incluso si logramos mantener estos estándares externos, nuestra apariencia de pasión no podrá enmascarar lo duras, escépticas e insensibles de corazón que nos hemos vuelto en el fondo. Nos enredaremos en tareas interminables que al final se convertirán en una fachada insuficiente, un disfraz superficial que tendrá mucha facilidad de romperse, ocultando la falta de amor por Jesús que sentimos. A pesar de todos nuestros mejores intentos y esfuerzos, el verdadero estado de nuestras almas finalmente triunfará y hará que la fachada que hemos fabricado se desmorone. No podemos hacer a largo plazo algo que no nos apasione.

Se convierte en una obligación sin verdadera devoción.

No es digno de un discípulo.

«El hacer tu voluntad, Dios mío, me ha agradado» dijo David, hablando proféticamente de Cristo en el Antiguo Testamento (Sal. 40:8). «Mi comida es que haga la voluntad del que me envió, y que acabe su obra», dijo Jesús en el Nuevo Testamento (Jn. 4:34).

Como Sus discípulos hoy, la pregunta es: *¿Cómo es que nuestra obediencia a Él puede surgir de un amor y afecto profundamente arraigados por Él?*

Dejemos que uno de Sus doce discípulos originales nos muestre el camino.

El apóstol Juan, cuyos escritos aparecen a lo largo del Nuevo Testamento, fue él mismo un ejemplo ideal de cómo se hacen los discípulos. Durante el ministerio terrenal de Jesús, multitudes lo seguían y lo observaban desde lejos, en la muchedumbre, por miles, a la distancia. Luego, las Escrituras hablan de «setenta y dos» de ellos que Él «designó» para Su servicio (Lc. 10:1, NBLA), personas que disfrutaron de una oportunidad más cercana de ver cómo se desarrollaba Su ministerio mientras viajaba por los alrededores. Dentro de este grupo más grande,

por supuesto, había «doce» a los que Él nombró específicamente como Sus «apóstoles» (Lc. 6:13), cuya relación
con Él era aún más personal. Entonces, de estos doce,
Jesús invitó a tres a entrar en una esfera aún más estrecha
con Él. A «Pedro, a Jacobo y a Juan su hermano» se les
permitió presenciar con Él eventos profundamente íntimos
y santos como la transfiguración, junto a Moisés y Elías
(Mt. 17:1). Más que cualquier otra persona en esos grupos más amplios de seguidores, estos tres fueron incluidos
como testigos oculares de momentos especiales con Cristo
que los marcaron de maneras inolvidables.

Pero de todos estos círculos de contacto, parece ser
que había una persona en la que Él se volcó de una
manera única. Juan se refirió a sí mismo como «al cual
Jesús amaba», el discípulo que «estaba recostado al lado
de Jesús» en su Última Cena en la víspera de la crucifixión
de Cristo (Jn. 13:23).

A este «uno», Dios le dio palabras y experiencias que
se convirtieron en el libro bíblico que ahora llamamos el
Apocalipsis. Profundo y profético, el cual a la vez es una
imagen clara de Jesús y también una llamada de atención a
Sus seguidores sobre lo que realmente implica ser un discípulo fiel, perseverante y con esperanza. El libro empieza
con una demostración tan abrumadora de la gloria y la
santa pureza de Cristo que Juan cayó «como muerto a sus
pies» (Ap. 1:17). Pero Jesús, en el Espíritu, ayudó a Su
amigo a ponerse de pie y le dio una serie de mensajes para

compartir con siete iglesias diferentes en todo el mundo de ese tiempo y, afortunadamente, del nuestro.

Comenzando con este mensaje sobre el estado del corazón. Sobre la pasión. Sobre el *primer* amor.

> Yo conozco tus obras, y tu arduo trabajo y paciencia; y que no puedes soportar a los malos, y has probado a los que se dicen ser apóstoles, y no lo son, y los has hallado mentirosos; y has sufrido, y has tenido paciencia, y has trabajado arduamente por amor de mi nombre, y no has desmayado. Pero tengo contra ti, *que has dejado tu primer amor* (Ap. 2:2-4, énfasis agregado).

Esta iglesia, la iglesia de Éfeso, estaba en una posición peculiar y delicada. Éfeso era un próspero puerto marítimo en la costa occidental del mar Egeo, una de las ciudades más influyentes de su tiempo. Se jactaba de una convergencia de estabilidad económica, destreza educativa y poder político. Era orgullosamente pagana, era el epicentro de la adoración al ídolo de la diosa griega Artemisa, conocida por los romanos como Diana. Su reverencia hacia ella se mostró claramente en el espectacular edificio construido para honrarla y albergar su imagen. El templo de Artemisa era tan importante que fue considerado una de las siete maravillas del mundo antiguo.

En este centro de influencia, la joven iglesia cristiana fue establecida por el apóstol Pablo y luego fue cultivada por Priscila y Aquila. Su crecimiento fue tan notable que su impacto empezó a afectar la economía local. Los nuevos conversos dejaron de comprar los ídolos que habían sido elaborados con mucho cuidado y que se vendían en el centro del mercado, de los que dependían los artesanos locales para su sustento. En otras palabras, la iglesia de Éfeso estaba teniendo un gran impacto.

Se debía a una buena razón. Se habían dedicado a completar con pasión muchas tareas y misiones que honraban a Dios. Sus buenas obras ejemplificaban carácter e integridad. Trabajaban intensamente para servirse los unos a los otros y mantenían una norma de rectitud que se negaban a rebajar para someterse a la cultura que los rodeaba. Tenían la verdad en tan alta estima que ponían a prueba las palabras enseñadas por los ministros para asegurarse de que la doctrina que recibían no la difamaba ni la malinterpretaba. Habían perseverado a través de muchas dificultades y habían permanecido fieles bajo presión. Aun así, después de reconocer sus buenas obras, en el mensaje que Jesús le envía a este grupo de creyentes los reprendió por una sola deficiencia desgarradora: *habían dejado su primer amor.* Estaban encendiendo el motor de la religión sin el fuego de la pasión sincera que el discípulo debe tener por Dios.

¿Cómo había sucedido esto? La lógica diría que no tenía sentido. Su sagrado celo por Dios se había atenuado y había disminuido, al mismo tiempo que su larga lista de buenas obras había aumentado y se había intensificado. Cuando nuestros corazones ya no están unidos al corazón del Padre con amor, gratitud y la devoción de un discípulo, nuestra motivación para servir con nobleza a Dios y a los demás se sesga y distorsiona.

Sí, los efesios seguían realizando muchas acciones buenas, pero Dios, que conoce lo que hay en el alma, sabía que sus corazones ya no estaban en Él. Su compromiso no estaba arraigado como antes en una amistad con Él. Ya no nacía de una pasión entrañable. La vida cristiana se había convertido en una tarea para los efesios, reducida a una postura robótica de «¿puedo ayudar?», que carecía de autenticidad. Eran efectivos, pero sin afecto.

De nuevo, un deber sin devoción.

Eso fue lo que llamó la atención de Dios.

Considera lo esencial que debe ser nuestro amor hacia Él que se tomó el tiempo de señalar aquella falta al escribir un libro tan conmovedor como lo es el Apocalipsis para las Escrituras. Después de todo, este es el Dios del universo del que estamos hablando. Tiene que controlar la agonía de la galaxia. Tiene los tiempos de la historia orquestados soberanamente. Él mantiene los planetas alineados. Está manteniendo estabilizados los países y los continentes. Todo mientras se prepara para Su regreso a la tierra. En otras palabras, los objetivos colosales están en Su lista de tareas pendientes para hoy. Sin embargo, Él aborda, de todas las cosas... ¿el amor? ¿A las personas que Él dice que están haciendo todas las cosas que se supone que deben hacer?

¿Por qué? Porque más que todo lo demás, *el amor* es en lo que Él quiere que se arraigue nuestra relación y nuestra entrega total. No solo el amor, sino *el primer* amor, la única manera en que podemos servirle durante toda la vida. No hay otra manera en la que experimentemos el verdadero cumplimiento de los «deseos del corazón» en la vida, a menos que nuestro principal «deleite» esté solo en Él.

Es por eso que esta llamada de atención al amor que los creyentes de Éfeso habían «abandonado» no era una tarea para emprender (en la que obviamente eran buenos) sino una invitación que aceptar. Al mismo tiempo que los alertaba sobre el desequilibrio en su estilo de vida y actitudes, los convocaba a volver a la posición de amistad que Él los había redimido para experimentar.

Tal vez, solo tal vez, este capítulo de nuestro caminar juntas sea una llamada de atención para ti también. Tal vez sea la primera vez en mucho tiempo que consideras de una manera profunda, silenciosa e intencional dónde está tu propio corazón. Tal vez no se te había ocurrido de forma tan evidente que tu vida cristiana eficaz no es un reemplazo adecuado para una vida apasionada de verdad está. Tal vez las personas que te siguen en las redes sociales te compran esa imagen, pero el Señor, no. No si se hace desde otro lugar que no sea el amor.

Tú y yo podemos ser impresionantes sin intimidad.

Señor, ayúdanos.

Admito, una vez más, que en muchas etapas de mi vida, el Padre ha tenido la gracia de alertarme sobre la insensibilidad e indiferencia que había dentro mío, incluso cuando mi ministerio estaba creciendo delante de todos. Él me ha mostrado los lugares en los que mi corazón ya no latía con fervor rebosante y que se revelaban en mis actitudes y comportamientos.

Casi nadie a mi alrededor podía notar la distancia que existía entre mi mente y mi corazón, porque era completamente capaz de hacer ciertos deberes con una sonrisa y con carisma. Iba a la iglesia los domingos, leía la Biblia con bastante regularidad y era diligente en servir a los demás a través de nuestro ministerio. Incluso enseñé la Palabra de Dios a muchos de ellos, participé en eventos cristianos y guie a mis propios hijos en la memorización de las Escrituras.

Sin embargo, con frecuencia ni siquiera me daba cuenta de que estaba esforzándome desde la costumbre y la obligación, en lugar de un fervor apasionado y entusiasta. Me había acostumbrado tanto al ritmo de *hacer* que había descuidado mi estado de *ser*.

Yo *amaba* a Dios. Pero no era lo primero. Quizás me pude haber sentido satisfecha con eso. Pero el Padre no. De una forma u otra, por lo general a través del consejo amable pero firme de un mentor sabio y piadoso, Él me llamaba la atención sobre Su amor por mí y me mostraba que lo que principalmente deseaba de mí era que experimentara mi amor por Él. No mis esfuerzos, sino mi amor.

Jesús lo dijo de esta manera:

> Amarás al Señor tu Dios con todo tu corazón, y con toda tu alma, y con toda tu mente. Este es el primero y grande mandamiento (Mt. 22:37-38).

¿Cómo podría pasar por alto algo tan simple pero tan conmovedor mientras hago muchas cosas?

Así que, de rodillas y con humildad de corazón, volvía a Él y le pedía que hiciera lo que yo no podía hacer por mí misma: avivar las brasas de mi alma que parecía que se estaban apagando y que no tenían vida. Le pedía a mis amigos cercanos y mentores que se unan a mí en oración para que realmente ame al Señor con todo mi corazón, alma, mente y fuerzas.

Puede que solo haya cuarenta y cinco centímetros entre la mente y el corazón humano, pero puede ser un viaje largo y arduo, trasladando el contenido de la primera al segundo. El Señor conoce y sabe de nuestra lucha. Así que, junto con los efesios de hace dos milenios, al escuchar esta carta personal de Jesús siendo leída en Su presencia, sentémonos aquí como lo hacen los discípulos, ansiosos por escuchar y obedecer y dejemos que nuestro Señor nos dé la hoja de ruta que nos llevará de regreso a un primer amor que tal vez hemos olvidado.

Recuerda

La primera palabra de Apocalipsis 2:5 es el primero de tres pasos importantes que nos permiten cooperar con el Espíritu Santo en la restauración de nuestra pasión piadosa.

Recuerda.

Recuerda, por tanto, de dónde has caído.

Jesús le estaba hablando a los cristianos que estaban consolidados y eran lo suficientemente efectivos como para cambiar el mundo en el que vivían. Sin embargo, los animó a hacer una pausa, descansar en la nostalgia y recordar aquellos días en que eran nuevos en la fe. En aquellos tiempos cuando sus corazones eran jóvenes, llenos de vida y estaban enamorados de Jesús.

Aparentemente, lo habían superado. A pesar de todo su progreso y sus actividades, habían pasado por alto el momento en el que la magnitud de Su amor por ellos era un pensamiento que simplemente no podían superar: Su sacrificio por ellos, Su voluntad de acercarse a ellos en su vacío y vergüenza, dándoles la promesa de un nuevo comienzo llenando sus vidas de perdón. ¿A dónde se había ido esa pasión? No lo sabían. Jesús tenía razón. Ya no era lo mismo que antes. Pero ¿cómo podrían empezar a recuperarlo?

Recuerda.

> Recuerden que en otro tiempo, ustedes los gentiles en la carne [...] recuerden que en ese tiempo ustedes estaban separados de Cristo, excluidos de la ciudadanía de Israel, extraños a los pactos de la promesa, sin tener esperanza y sin Dios en el mundo. Pero ahora en Cristo Jesús, ustedes, que en otro tiempo estaban lejos, han sido acercados por la sangre de Cristo (Ef. 2:11-13, NBLA).

Recuerda cómo llegaste a conocerlo. Recuerda el fervor que compartían entre ustedes. Recuerda las disciplinas que te sustentaban, cómo las guardabas, no solo en tu calendario sino también en tu corazón, que, así como con tu próxima comida, estabas hambrienta por tener comunión. Recuerda lo que te movió a seguirlo en primer lugar, cómo tu realidad terrenal se transformó con la misma emoción que tu destino eterno, gracias a que Su gracia trabajó en ti.

Hay mucho valor en recordar.

Cuando era niña, uno de mis programas televisivos favoritos era *Diff'rent Strokes* [n. del e.: conocida como *Blanco y negro* en algunos países de Latinoamérica]. Era una comedia divertida que duraba media hora y seguía a dos jóvenes del centro de la ciudad, Arnold y Willis, quienes, después de la muerte de su madre, habían sido adoptados por un viudo adinerado llamado Sr. Drummond. Estos muchachos habían crecido en la pobreza, viviendo en circunstancias que tenían poca provisión para el presente y pocas oportunidades para el futuro. Sin embargo, ahora sus vidas eran todo lo contrario. La casa del vecindario que compartían con el Sr. Drummond y su hija estaba llena de símbolos de riqueza y opulencia. El contraste entre esta nueva realidad y su realidad anterior era un buen entretenimiento.

A lo largo de la serie, los chicos a menudo reflexionaban sobre la vida que habían conocido en el pasado. Echaban de menos ciertos aspectos de su crianza, pero cada viaje por el pasillo de la memoria resultaba en un renovado sentimiento de gratitud por lo que su padre adoptivo les había dado. Vivir aquí les dio una nueva forma de ver las cosas y una perspectiva nueva de la vida que se les habría escapado si no fuera por la generosidad y la bondad de este gentil benefactor. Incluso a veces, cuando se sentían descontentos por sus reglas o frustrados por sus normas, pronto recordaban lo que se les había dado, cuántas bendiciones habían recibido y regresaban con un sentido renovado de amor y gratitud por él.

Como creyentes, podemos acostumbrarnos con mucha facilidad a la bondad y a la gracia de Dios, tanto así que podemos llegar a sentirnos con derecho y nos volvemos ingratas. Olvidamos las profundidades de las que hemos sido rescatadas, olvidamos cuán dramáticamente han cambiado nuestras vidas debido a la bondad sincera y pura del Señor.

He conocido y me he relacionado con muchas personas que me han contado testimonios fascinantes y sobrenaturales que son imposibles de olvidar. Estaban al borde del suicidio, vidas sumidas en adicciones que los estaban destrozando a ellos y a sus seres queridos. Otros han contado cómo no tenían ningún sentido de propósito en absoluto, como si sus vidas no fueran más que una travesía vaga y sin sentido de un período de veinticuatro horas a otro. Sin esperanza. Luego se encontraron con Jesús y la diferencia fue increíble, más drástica que la de otros que, por Su gracia, se libraron de algunas de esas circunstancias inimaginables.

Pero incluso en este tipo de casos, el paso del tiempo puede comenzar a atenuar la diferencia. Incluso estas vidas, rescatadas de esos pasados tan vulnerables, pueden derivar a un presente monótono de costumbres y rutinas. Si no tenemos cuidado de ser intencionales en recordar el peligro mortal del que hemos sido rescatadas y la relación divina en la que hemos sido adoptadas con tanta gracia, nos adentraremos en un letargo espiritual. Todas nosotras.

Antes de Cristo, estábamos «muertos» en nuestros «delitos y pecados». Éramos cautivadas por los «deseos de nuestra carne, haciendo la voluntad de la carne y de los pensamientos, y éramos por naturaleza hijos de ira». Nuestra situación era muy oscura. Las perspectivas para nuestro futuro eran oscuras. «Pero Dios, que es rico en misericordia, por su gran amor con que nos amó, aun estando nosotros muertos en pecados, nos dio vida juntamente con Cristo» (Ef. 2:1-5). Él hizo eso por nosotras. ¿Puedes creerlo? Lo *has* creído. Pero ¿lo sientes? ¿Lo amas por eso, de la misma manera en que una vez lo amaste?

Recuerda.

Una de las disciplinas espirituales que con más eficacia apoya este hábito de recordar para mí ha sido escribir un diario. Cuando empecé a hacerlo en mi adolescencia, no tenía idea de lo crucial que se volvería para cultivar y alimentar mi pasión por el Señor. No soy tan constante como debería de serlo. No soy una de esas personas detallistas que describen cuidadosamente los acontecimientos de cada día con una prosa brillante y una precisión aguda. Pero Dios me ha ayudado a llevar un registro general de Su obra en mi vida a través de los años y esos escritos se han convertido para mí en un registro de Su presencia

constante conmigo. Con frecuencia, cuando estoy desanimada o me siento insegura, regreso a algunos de esos cua-
dernos y me detengo en momentos que, si no los hubiera
escrito, los habría olvidado. Pero ahí están. Comentarios
frescos, que recién había escrito después de los momentos vividos y sin embargo, suelen ser exactamente lo que
necesitaba recordar hoy. El Señor sabía que yo necesitaba
recordar, ¡*el Señor sabe que necesitamos recordar!* Él nos ha
provisto caminos para recordar Su fidelidad y para avivar
de nuevo la pasión en nuestras almas.

Así que piensa en el pasado. ¿Dónde estarías si Dios
no hubiera iniciado una relación contigo? ¿A qué profundidades podrías haber caído si no fuera por el poder
restrictivo de Su Espíritu que vive dentro de ti? ¿Qué
clase de futuro sin esperanza podrías estar mirando si
Cristo no hubiera venido del cielo a la tierra, viviendo,
muriendo y viviendo de nuevo para que tu vida, incluso
con sus problemas, pudiera estar llena de Sus promesas?
¿Qué historial de milagros y puertas abiertas te ha dado
Él a lo largo de las diferentes estaciones y etapas de tu
vida?

Dios ha sido fiel. Haz una pausa y recuerda.

Arrepiéntete

La segunda instrucción que Juan le dio a los creyentes
de Éfeso que habían perdido su primer amor por Cristo

fue «arrepiéntete» (Ap. 2:5). *Arrepentirse* es una palabra que ha perdido su peso a través de los años. Rara vez se menciona con claridad porque ha sido reemplazada por alternativas mucho más aceptables como «disculparse» o «lamentarse». Esa misma atenuación aplica para términos como *pecado* y *santidad*. Su importancia e impacto se han minimizado para evitar cualquier alarma sobre el costo que está asociado con ellos. Así la publicidad es más efectiva y las relaciones públicas son mejores.

Sin embargo, gran parte de la distancia que sentimos en nuestra relación con Jesús y la falta de verdadero fervor espiritual en nuestro servicio a Él empieza en esta comprensión diluida de lo que es el *arrepentimiento* y lo que implica procurarlo.

Suavizarlo puede habernos ayudado a pasar algunas veces el día y a dormir mejor por la noche, pero no nos ha ayudado a crecer en madurez espiritual. Ha disminuido la percepción elevada del estándar de Dios que nos dan las Escrituras, quitándole valor a nuestro amor por Él. Nos ha debilitado al convencernos de que Dios ha rebajado su estándar de santidad para acomodar nuestras fallas, cuando en realidad Dios *en Su amor* ha mantenido Su Palabra consistente, sabiendo que solo obedeciéndole, lo cual solo podemos hacer con afecto genuino, podemos experimentar Su plenitud.

Por lo tanto, para aquellos de nosotros que deseamos buscar el verdadero discipulado, debemos encontrarnos cara a cara con la cruda y certera realidad del arrepentimiento. No es un sentimiento, es una acción. El arrepentimiento significa dejar de ir por un camino e intencionalmente ir por otro. Es un *cambio* de dirección.

En la confesión reconocemos las áreas en las que no hemos alcanzado la gloria de Dios con nuestras actitudes y acciones, pero si nos detenemos ahí, solo con admitirlo, no hemos completado el ciclo de arrepentimiento. Es cierto que, «Si confesamos nuestros pecados, él es fiel y justo para perdonar nuestros pecados, y limpiarnos de toda maldad» (1 Jn. 1:9). Es muy cierto. Confiamos en esa esperanza. Pero hasta que la confesión, impulsada por un dolor piadoso, no llegue hasta donde se encuentra el arrepentimiento (2 Co. 7:10), hasta que no vaya más allá de las palabras y las intenciones se conviertan en un arrepentimiento real con un cambio de dirección, Cristo no puede ser nuestro primer amor. Algo o alguien más lo es. Por más que nos rehusemos a soltarlo por un largo tiempo, este «algo» nos está encadenando. Estamos luchando contra nuestra libertad. No hay forma de avanzar hacia una vida constante y satisfactoria con sinceridad y fortaleza hasta que ese pecado se haga rápidamente más pequeño en nuestro espejo retrovisor.

Piensa en la última vez que estabas conduciendo a algún lugar y te diste cuenta de que ibas en la dirección equivocada, alejándote de tu destino, en lugar de ir acercándote. Simplemente con darte cuenta tú misma, o al reconocerle a las otras personas en tu auto, que habías cometido un error no ibas a poder resolver la situación. *La confesión* es solo el inicio de un proceso. Si la confesión es donde termina el proceso, ese proceso no tiene ningún sentido.

El objetivo de ser consciente y de admitirlo es cambiar de *dirección*. Entonces, tomas la próxima salida. Giras en contra del tráfico. Das la vuelta en U. Aceleras hacia la otra dirección.

Porque si no, no importa. Nada cambiará.

Hacer el giro puede ser vergonzoso al inicio, especialmente si hay pasajeros contigo. Es casi seguro que no será fácil realizar todas las maniobras necesarias para corregir el cambio de rumbo. Sin embargo, solo hasta que confíes en el Espíritu para que ilumine y capacite tu confesión, para que impulse tu arrepentimiento, y te ayude a dar la vuelta y te coloque en el camino correcto, el sentimiento nunca se alineará con los actos. Solo estarás alimentando un viaje sin resultados. ¡Qué desperdicio!

Para alguien que desea fervor espiritual e intimidad en su relación con el Señor, el arrepentimiento es clave porque el pecado continuará «[separándote] de Dios» (Is. 59:2, NTV). No estás perdiendo tu lugar como hijo Suyo, pero puedes perder tu intimidad con Él. Tu grado de descanso y bienestar con Él, de paz y contentamiento, puede disminuir considerablemente porque Él es santo y no puede relacionarse con la falta de santidad.

Muchas creyentes con frecuencia se gobiernan a sí mismas, a sus elecciones y a sus comportamientos burlándose de sí mismas con esta pregunta: «¿Qué tan cerca puedo estar del pecado sin cruzar la línea?». Pero los discípulos que están procurando la relación de «primer amor» con un Dios santo están buscando algo completamente diferente. Se preguntan: «¿Qué tan cerca puedo estar de Jesús?». La proximidad al pecado no es su preocupación; sino que la proximidad con Jesús lo es.

Así que no juegan con la línea del pecado. En cambio, gobiernan sus decisiones en función de lo que los acercará más a su Salvador y los conformará más a Su imagen. Su brújula para vivir se articula en las siguientes palabras, con frecuencia atribuidas a Susanna Wesley en los años 1700:

> Cualquier cosa que debilite tu razón, que perjudique la ternura de tu conciencia, que oscurezca tu comprensión de Dios, que te quite el deseo por las cosas espirituales, cualquier cosa que aumente la autoridad del cuerpo sobre tu mente, eso es pecado para ti, por inocente que parezca en sí mismo.

Vuelve a leer esas líneas, querida lectora y medita una vez más en esa afirmación, digiere cada frase cuidadosamente. ¿Cuáles son los pasatiempos y hábitos, las libertades y las opciones de estilo de vida que están apagando tus capacidades espirituales o callando la convicción del

Espíritu de Dios dentro de ti? ¿Hay algo que, aunque no sea pecaminoso en esencia, esté ocupando el primer lugar en tu vida, dándole a tu carne el dominio sobre tu espíritu? Si es así, eso es pecado para ti. Porque tú eres Su discípula y Él debe ser lo primero. Por encima de todo. Debe ser el único amo y Rey.

Arrepiéntete.

Deja eso que es pecado para ti.

Colócalo bajo la sujeción de tu Señor, en la posición que le corresponde.

Jehová es nuestro Padre celestial eterno, inmutable y amoroso. Nunca se mueve, Nunca cambia. Él siempre está presente con nosotros, ansioso por relacionarse con nosotros y comprometerse con nosotros como Sus hijos e hijas. Así que cada vez que nuestra relación con Él se sienta como un deber entre socios, somos nosotros y no Él, los que hemos creado esa distancia. El pecado o los obstáculos significativos han abierto una brecha allí. ¿Después de tanto tiempo no hemos aprendido que no tenemos una palanca lo suficientemente fuerte como para expulsar esos pecados y placeres? Incluso si los sacamos temporalmente, seguirán regresando.

Excepto cuando colocamos a Dios en el lugar donde pertenece: al *primer* lugar. Entonces, sorprendentemente, ya no hay más espacio en el auto para ninguno de los pecados. Aunque pudiéramos meterlos, ya no los queremos. Ahora hemos fijado nuestro amor en Jesús, de la

manera en que lo hace un discípulo que se ha entregado.
Arrepintiéndose. Cambiando de dirección. De modo que
ahora todo lo que queremos es seguir en este camino para
siempre.

Repite

Después *de recordar*, después de *arrepentirse*, la instrucción final de Jesús para que Juan le diera a los efesios
fue *repite*.

> Recuerda, por tanto, de dónde has caído,
> y arrepiéntete, y *haz las primeras obras*
> (Ap. 2:5, énfasis añadido).

Les he contado el inicio de mi relación romántica con
Jerry. Como cualquier pareja que genuinamente se quiere,
nos priorizamos el uno al otro por encima de todos los
demás. Incluso las actividades más simples se volvieron
valiosas y deseables, llenas de expectativa y emoción. Las
parejas enamoradas apenas pueden hacer otra cosa que
pensar en el otro. Reorganizan sus horarios en función
de sus momentos juntos. Cuando hablan, casi nunca es
forzado o incómodo. Cada vez son más vulnerables entre
sí. Comparten sus alegrías y tristezas más profundas, cosas
que tal vez nadie más sabe. Escuchan, de verdad se *escuchan*, no con el propósito de corregirse, sino con un deseo
genuino de comprender y conocer a su amado, de cultivar

su intimidad y volverla más sólida en la medida que crece cada día más. Consideran que los intereses de la otra persona son dignos de tiempo y esfuerzo porque quieren hacer feliz a alguien a quien aprecian mucho.

Luego contraen matrimonio.

Ahora han unido sus vidas de la forma más íntima y, sin embargo, la tendencia a partir de ahora es dejar de lado muchos de los fundamentos que los unieron. La vida está llena de detalles y decisiones, de horarios de trabajo y suposiciones contradictorias, y antes de que se den cuenta, es como si estuvieran durmiendo al lado de un extraño. Ya no sienten la misma atracción que antes. En lugar de seguir aprendiendo el uno del otro, han aprendido a pasar por los movimientos de la relación sin la alegría que solía estar unida a ella.

Es común. Es natural. Sucede. Lo sabemos. Pero la razón por la que ocurre con tanta frecuencia es que las parejas descuidan muchas de las actividades que antes hacían como algo normal. Ya no pasan tiempo juntos como solían hacerlo. Ya no hablan entre ellos con tanta honestidad como antes. No se escuchan de la misma forma, generosa y atenta. No tienen en cuenta la opinión del otro antes de tomar decisiones unilaterales. No tratan a la otra persona como si su alegría fuera su objetivo.

Como resultado, los cónyuges comparten la misma casa, la misma cama y el mismo apellido, pero ya no hay pasión.

Ya no están en el «primer amor».

Las estrategias que conocemos para recuperar la intimidad en las relaciones humanas son prácticamente las
mismas que se necesitan para restablecer nuestra intimidad
con Jesús. Tenemos que *repetir* las cosas que hicimos al
principio.

¿*Recordar?* Es parte de esto, hacer memoria. Pero
luego hazlo. *Repite.* Suena loco, tal vez, pero mira lo que
ocurre si realmente lo haces.

¿Cómo le diste prioridad a tu tiempo en la carta de
amor que Él te envió, la Biblia? ¿Con qué frecuencia la
leíste? ¿Cómo la disfrutaste? ¿Qué hiciste para ayudarte a
tenerla en cuenta y pensar en ella a lo largo del día?

¿Cómo le hablabas en oración? ¿Cuándo y dónde orabas? ¿Mientras conducías? ¿Mientras lavabas los platos?
¿Mientras hacías ejercicio en la trotadora? ¿Mientras cor-
tabas el césped o te secabas el pelo?

¿Cómo lo adorabas? ¿Solo los domingos? ¿Solo en la
iglesia? ¿O colocabas música de alabanza mientras ibas y
venías por la casa con tus audífonos durante todo el día?
¿Te ponías de rodillas, literalmente, cuando tratabas de
expresarle lo que sentías por Él? ¿Levantabas las manos?
¿Te importaba quién te escuchaba o te veía?

¿Cómo hablabas sobre Él a los demás? ¿Fluía fácil-
mente en la conversación? ¿Estabas ansiosa por decirle a
los demás lo que Él podía hacer, lo que había hecho por
ti? Cuando la gente te preguntaba si orarías por ellos, ¿te

detenías en ese momento y orabas con ellos allí mismo? ¿Recuerdas cómo se sentía?

Lo hiciste *en el pasado*. Sus intereses eran los tuyos. Sus planes eran los tuyos. Su Palabra fue tu mandamiento. ¿Recuerdas? Ahora repítelo. Hazlo ya.

Observa cómo el amor vuelve a encontrarte.

He visto cómo una actitud indiferente, como un simple gesto de «no me veas», cruza mi umbral y entra en mi hogar. He oído una voz seca, melancólica y obligada decir algo así como: «¿En qué puedo ayudarte?», sin transmitir el más mínimo afecto o agradecimiento genuino. Peor aún, he experimentado lo mismo en mí misma y en mi tono de voz, a pesar de saber que este cuerpo ha sido transformado por el poder y la gracia de Dios en un santuario, en una casa sagrada para el Espíritu Santo.

Estoy cansada del hacer por obligación y sin devoción. De creer sin discipulado. Me encantaría que sea diferente, ¿a ti no?

Pues bien, vamos hacia eso.

Sabemos qué hacer primero.

Lo rindo todo

Y esto pido en oración, que vuestro amor abunde aún
más y más en ciencia y en todo conocimiento
Filipenses 1:9.

Considera la forma en la que inviertes tu tiempo y tus
tesoros. ¿Qué revela esto sobre qué o quién tiene el primer
lugar en tu vida?

_____

_____

_____

_____

_____

_____

_____

_____

_____

_____

_____

_____

Regresa a la página 166 y considera en oración la declaración de Susanna Wesley. Pídele al Espíritu Santo que revele lo que haya en tu vida que coincida dentro de una de las categorías que ella explica.

_____

_____

_____

_____

_____

_____

_____

_____

_____

_____

_____

_____

En las épocas de tu vida en las que puedes haber sentido una ausencia de deseo auténtico de honrar al Señor, ¿cómo has visto que las emociones o el legalismo se han inmiscuido en tu vida espiritual? ¿Estás lidiando ahora mismo con alguno de ellos? Si es así, ¿de qué manera el Señor te llama a entregárselo a Él?

_____

_____

_____

_____

_____

_____

_____

_____

_____

_____

_____

_____

Lecturas adicionales:

Salmos 27:4 • Mateo 6:33 • Mateo 22:37

CAPÍTULO 6

Todo lo que enfrentes

A fin de conocerle, y el poder de su resurrección,
y la participación de sus padecimientos
Filipenses 3:10.

Recientemente tuvimos el honor de presentar a una hermosa mujer llamada Michelle a los miembros de mi iglesia local en Dallas. Durante más de veinte años, ha sido una de las líderes de Bible Study Fellowship (BSF), una organización que lleva a cabo estudios bíblicos profundos y de alta calidad para personas en comunidades de todo el mundo.

Michelle, quien ha enseñado estos estudios en grupos pequeños a mujeres de todas las razas, orígenes y generaciones, ha hecho del estudio y la comunicación de la Palabra de Dios el enfoque central de su vida y ministerio a los demás. Mi hermana, Chrystal, era una de sus alumnas y siempre se entusiasmó con la aguda perspicacia, la claridad y la capacidad convincente de Michelle para revelar las Escrituras y hacerlas cobrar vida.

Tiene una vitalidad que puedes ver y sentir cuando estás cerca de ella en cualquier entorno. Su personalidad

es brillante y alegre. Pareciera que sus ojos hermosos pene-
tran en tu alma cuando te habla. Tiene una risa fuerte
y contagiosa. Pero todo este carisma tan radiante podría
distraerte con facilidad para que no te dieras cuenta de una
característica particular de Michelle.

Ella está prácticamente ciega.

El día que la invitamos a nuestra iglesia para recibir una
donación financiera para BSF, alguien de nuestro equipo
de hospitalidad la acompañó a través de la gran plataforma
hasta el centro del escenario. Pero cualquiera que la viera
por primera vez habría asumido que solo estábamos siendo
más atentos y serviciales con nuestra invitada, tal vez para
calmar sus nervios por estar frente a tanta gente. Llevaba
esa misma sonrisa electrizante en su rostro, entrelazando su
brazo con el de la persona que la acompañaba, como dos
amigas a las que les encantaba estar juntas. No fue hasta
que mi hermana, al saludarla por el micrófono, mencionara
la lucha que Michelle lleva hace cincuenta años con la
vista, que probablemente nadie más lo había sospechado.

Una de las cosas más memorables que recuerdo que
Chrystal contó ese día fue algo que recordó que Michelle
dijo en una de sus clases. Le había explicado que, si bien
su pérdida de visión era una dolencia que nunca habría
elegido, le había producido un beneficio innegablemente
invaluable. La pérdida de su visión física había aumentado
su visión espiritual. No poder ver le había dado la capacidad de ver la vida, la verdad, a Dios y a los demás de una

manera completamente diferente. A medida que sus ojos físicos se habían oscurecido, sus ojos espirituales parecían abrirse más y más.

La ceguera le había dado la vista.

Sin distraerse con los estímulos visuales regulares, se había vuelto más perceptiva y sensible a la guía del Espíritu Santo. Al no tener que lidiar con todas las ofertas competitivas que una persona vidente puede tener, ella y otras personas en circunstancias similares desarrollan la capacidad de discernir cosas que otros no pueden. Las realidades invisibles se vuelven protagonistas. Michelle dijo que ahora podía sentir con más profundidad el corazón de Dios, podía ver con mayor claridad los propósitos de Dios, podía afinar mejor su oído para escuchar la voz de Dios.

Por supuesto que nunca quiso ser ciega. Pero un discípulo que se ha rendido es el primero en reconocer el valor de la adversidad. Ellos son los primeros en comprender cómo las aflicciones y las dificultades vienen acompañadas de una comunión e intimidad con el Señor que ninguna otra experiencia puede ofrecer: la comunión y la intimidad con Él para las que fuimos creados.

∽

Pero cuantas cosas eran para mí ganancia,
las he estimado como pérdida por amor de
Cristo. Y ciertamente, aun estimo todas las

> cosas como pérdida por la excelencia del
> conocimiento de Cristo Jesús, mi Señor,
> por amor del cual lo he perdido todo, y
> lo tengo por basura, para ganar a Cristo
> [...] a fin de conocerle, y el poder de su
> resurrección, y la participación de sus pade-
> cimientos, llegando a ser semejante a él en
> su muerte (Fil. 3:7-8,10).

Estos versículos son algunos de los más queridos y conocidos del Nuevo Testamento. Al citarlos, aplaudimos la dedicación total de Pablo a Cristo. ¿Cómo podía seguir escribiendo así? Después de ser menospreciado y ridiculizado. Después de ser encarcelado y golpeado. Después de soportar tanto maltrato a manos de otros por negarse a dar marcha atrás en su compromiso sagrado.

Pablo era un seguidor que no se dejaba intimidar por las dificultades, no se distraía con los elogios, no se avergonzaba del evangelio y no se inmutaba por la presión de sus compañeros. A pesar de todas sus pérdidas dolorosas, pudo declarar con una clara determinación que su única y santa ambición era estar íntimamente unido con Cristo.

Conocerlo. Eso es lo que también queremos, ¿no? Estamos de acuerdo con eso. Tú y yo, como discípulos de Cristo, queremos conocer Sus propósitos y Sus caminos. Probablemente eso es lo que te atrajo a este libro en primer lugar: conocerlo. Conocerlo y, como dijo Pablo, conocer *el poder de su resurrección.*

De nuevo en Efesios 1, donde se encuentra la descripción fundamental de nuestra identidad cristiana, la Biblia dice que «la supereminente grandeza de su poder para con nosotros los que creemos» es el mismo poder que Dios operó en Cristo «resucitándole de los muertos» (Ef. 1:19-20). ¡Es el mismo! Eso es lo que está disponible para nosotros ahora, este mismo nivel de poder santo. Queremos que Su poder nos fortalezca para vivir como los vencedores que hemos sido llamados a ser.

Sin embargo, incluso cuando sentimos que nuestro fuego espiritual se enciende al leer sobre el fervor de Pablo, cuando nuestros corazones resuenan con sus deseos, anhelando reflejarlos, Pablo interrumpe con algo más que nos hiere y enfría nuestro entusiasmo inicial. Su meta, dijo, es «conocerle, y el poder de su resurrección y...

la participación de sus padecimientos».

Por supuesto que la parte de «la participación» es una meta que deseamos para nosotros, así como conocerlo a Él, como conocer el poder de Su resurrección. Pero ¿acaso deberían de aparecer los «sufrimientos» en esta misma lista? ¿En la misma línea? ¿Al lado de participar? Porque, honestamente, tenemos dificultades en este momento que desearíamos que desaparecieran. Tenemos inconvenientes que preferiríamos evitar atravesar. Tenemos adversidades por las que daríamos casi cualquier cosa por pasarlas por alto.

Pero ¿qué pasa si son ellas las dinámicas que nos invitarán y nos llevarán a una unión más profunda con nuestro Salvador? ¿Qué pasa si hay una comunión y una amistad profunda con Jesús que solo llega a aquellos que han tomado Su mano y han caminado con Él a través de temporadas de sufrimiento?

Porque esas temporadas van a venir. La realidad es que no tenemos que buscarlas. Cuando lleguen, no significa que somos más piadosos que los demás porque ahora estamos pasando por dificultades, así como tampoco deberíamos de pensar que somos más piadosos que los demás cuando disfrutamos de temporadas de tranquilidad y comodidad. Pero la dificultad, de alguna forma o manera, eventualmente nos encontrará. El mundo en el que vivimos nunca dejará de traer dificultades a nuestra puerta. *Existir* es el único requisito previo para *experimentarlas*. Después de todo, somos habitantes de un planeta donde prevalece el mal y donde todo lo demás, además de nuestras almas, nuestro Dios y su reino eterno, es de naturaleza temporal. Todo el resto se descompone y se desmorona y muestra signos de debilitamiento y desgaste.

Incluso una casa que recién se ha construido, con el tiempo necesitará que se reemplace su techo. Incluso nuestra ropa nueva se manchará y un día empezará a deshilacharse. Incluso una bebé recién nacida, por extraño que suene, tan pronto sale del útero le da inicia a su reloj de envejecimiento. Aunque al nacer es completamente fresca y rozagante, ya está en camino de convertirse en una adolescente con el rostro graso y llena de imperfecciones, una mujer de mediana edad con articulaciones tiesas y adoloridas y una mujer mayor con la piel arrugada y el cabello canoso. Este es el orden natural de la tierra. Envejecimiento. Cambio. Endurecimiento. Desaceleración.

Mientras que algunos aspectos del envejecimiento traen beneficios y bendiciones agradables, como la comodidad de un hogar bien establecido o la sabiduría de los años, también abren la puerta a nuevas dificultades: fracasos, habilidades que se desvanecen, enfermedades, sufrimientos.

Sin embargo...

Dios, en Su gracia y misericordia, les da propósito a estos asuntos inevitables. Él en Su soberanía evita que estas duras realidades se conviertan en un desierto desolado. Permite y utiliza la adversidad para aumentar nuestra capacidad de detectar y digerir lo que más importa en la vida. En lugar de dejarnos enterrados bajo la tristeza, la frustración y el desasosiego que sentimos, él aprovecha nuestra decepción para recordarnos que «este mundo no es nuestro hogar permanente» (He. 13:14, NTV). Cuando son puestas en Sus manos poderosas, las adversidades despiertan nuestro deseo por lo eterno.

Algo dentro de nosotros sabe, *simplemente lo sabe-mos*, que fuimos hechos para algo diferente a la tristeza y al sufrimiento. Hay algo más. Algo eterno. Hemos renacido para una realidad que no incluye la muerte, la separación, el divorcio y el declive. Es por eso que nos impacta y nos llena de dolor cuando ocurre. Entonces, la tarea transformadora de la adversidad es evitar que nos apeguemos demasiado a las cosas de esta tierra. Afloja nuestra aprehensión que tiende a aferrarse demasiado a otras cosas, personas y bendiciones, en lugar de a la inva-luable bendición de conocer a Jesús nuestro Salvador y Señor.

Las dificultades, más que cualquier otra cosa, nos diri-gen hacia Él.

Tienen la capacidad única de hacernos más como Él.

Aun así, para personas como nosotras, que valoramos la facilidad y la ligereza de una vida sin complicaciones, el costo de la comunión es alto. Pero si en verdad queremos «conocerlo», si realmente queremos experimentar el «poder de su resurrección» en la vida cotidiana, debemos prestar atención a lo que nuestros ojos espirituales recién abiertos nos están mostrando.

La comodidad *en sí misma* no es mala ni menos espi-ritual. Pero no demanda mucho de nosotros en cuanto a carácter y madurez. En cambio, tiende a volvernos com-placientes y con un sentido de derecho. Nos hace esperar cada día lo mismo: nuestra paz y tranquilidad apreciadas, o nuestras actividades y entretenimientos favoritos, y luego nos sentimos despojados y nos resentimos si estas cosas no están a nuestro alcance.

Pero es muy difícil desear y depender de Jesús desde la cuna de la comodidad. Se necesita mucho más esfuerzo para acercarnos a Él cuando no enfrentamos ninguna presión. Uno de los principales factores que nos impulsa a tener un corazón devoto y hambriento de Dios es que el sol de nuestra comodidad sea interrumpido por una tormenta de dificultades. Parece que solo entonces, nos sacude el reconocimiento verdadero de que *la vida* no es nuestra vida. Sino que *Jesús* es nuestra vida.

Piensa en tu propia experiencia y reflexiona también en las vidas de otras personas de quienes admiras su caminar con Cristo. Descubrirás que, en muchos casos, la adversidad ha sido la forma más eficaz para aumentar tu nivel de alerta espiritual (y la de ellos), haciendo que tu enfoque hacia Él sea tan intenso que no puedas apartar los ojos. Estas temporadas han sido como un catalizador para mantener el objetivo de fortalecer tus músculos espirituales, porque con urgencia necesitabas asegurarte de que serían lo suficientemente fuertes para sostenerte al día siguiente.

En tiempos de dolor e incertidumbre, anhelamos escucharlo. Lo buscamos a Él y Su voluntad en Su Palabra con un fervor y un entusiasmo que no había en los días más fáciles. En nuestra desesperación, postramos nuestros corazones y cuerpos ante Él, sabiendo que el milagro que necesitamos está más allá del alcance de los recursos que tenemos. Caminamos cada día en oración continua, con nuestros sentidos espirituales afinados para percibir lo que Dios podría estar trabajando en estas realidades invisibles que rodean nuestras circunstancias difíciles.

Nuestro corazón no llega a este punto hasta que tocamos fondo. Pero al darnos cuenta de que nos estábamos hundiendo en situaciones que superaban nuestras capacidades, finalmente abrazamos una verdad en nuestro corazón que antes solo pensábamos en nuestra cabeza: En el fondo, Él es la Roca. Él ha estado aquí todo el tiempo, aquí, allá, y en todo punto intermedio. Ya no lo creemos simplemente por fe. Lo sabemos porque lo hemos vivido. Así que le entregamos todo a Él. Incluso esto. Incluso ahora.

Finalmente estamos empezando a conocerlo.

⁓

Quiero que te detengas conmigo por un momento porque, aunque no conozco las situaciones dolorosas que estás atravesando, aunque no sé los miedos y las luchas exactas que te hacen esforzarte por Dios, sí sé que son importantes y no estoy minimizando su peso en tu vida. Lo digo en serio. Sin embargo, en casi todos los aspectos, los problemas de este tipo son comunes a todas las personas y solo se diferencian por la magnitud y los detalles. Nos pasamos la vida tratando de evitarlos y sanar de ellos, y esperamos que el próximo no llegue demasiado pronto. Es lo que *yo* hago, es lo que *tú haces*, es lo que *todos* hacemos.

Pero Pablo, en esta declaración resumida de Filipenses 3 sobre sus metas de vida, incluye su deseo de participar en una difícil «comunión» con Cristo, señala un sufrimiento aún más preciso que el sufrimiento natural que acompaña a la condición humana. Lee atentamente y lo verás: «la participación de *sus* padecimientos» (v. 10, énfasis añadido), del sufrimiento de Cristo, un tipo de sufrimiento específico de nuestro Señor y, al oír a Pablo decirlo, un tipo de sufrimiento específico que es también del discípulo.

Se llama *persecución*: la dificultad que experimentamos debido a nuestra lealtad a Cristo, el sufrimiento que soportamos porque hemos «tomado nuestra cruz» para seguirlo. En medio de este sufrimiento necesario, se revela una comunión más única con Jesús que la que se experimenta con los problemas de salud, la pérdida del trabajo y otras desgracias de la humanidad. Sufrir por Cristo significa enfrentar una crisis y dificultad que está directamente relacionada con nuestra devoción incondicional e inquebrantable a Jesús. Como discípulos comprometidos de Cristo, sin sentir vergüenza de Él y con una lealtad completa hacia Él, *experimentaremos* un sufrimiento que acompaña nuestra dedicación total a Él.

Será inevitable y no será agradable.

En su libro clásico sobre el discipulado, el pastor y mártir alemán Dietrich Bonhoeffer describió el sufrimiento de Jesús en la cruz. Dijo que Su sufrimiento se agravó al incluir no solo su dolor tangible, sino también su rechazo público, el cual «eliminó toda dignidad y honor de Su sufrimiento»[2]. Sin rechazo, algunos sufrimientos pueden considerarse dignos. El sufrimiento de Cristo fue humillante. No fue a la cruz como un mártir al cual se le admira, sino que fue como un criminal despreciado y burlado. Se le ridiculizó y se le menospreció. Marginado por los poderes de la época, incluso fue negado por Sus compañeros y un amigo cercano lo negó.

Su sufrimiento fue horrible.

Su sufrimiento estaba específicamente vinculado a Su deidad. Él fue a la cruz precisamente porque Él era Cristo y Rey. Su sufrimiento estaba entrelazado con Su misión como nuestro Redentor y Su meta como nuestro Salvador. Así como Su cruz y el rechazo que la acompañó fueron específicos de Su sagrada misión, nuestro sufrimiento será característico de nuestra identidad como seguidores suyos.

Sí, amiga querida, lo *seguimos* en la participación del sufrimiento.

En la medida en la que nos entreguemos a Jesús, sin avergonzarnos de nuestra entrega a Él en todas las áreas de la vida, en esta medida seremos cada vez más marginadas por la sociedad. E incluso, me atrevería a decir, que también lo seremos por algunos sectores de la iglesia y de la cultura cristiana de los tiempos modernos. No estoy hablando de ser marginada por ser grosera y desagradable con los demás, ofensiva de forma inapropiada, condescendiente o intencionalmente conflictiva. Sino que a medida que nos volvemos más semejantes a Cristo en nuestras convicciones y en nuestra manera de expresarlas, entregándolas con amor, gracia y sabiduría, nos moveremos en dirección opuesta a las normas que nuestra sociedad tolera y promueve. Seremos evidentemente diferentes con los comportamientos y las creencias que la cultura actual destaca como aceptables. El resultado será una brecha cada vez más amplia y una marginación notablemente incómoda por parte de los demás.

En otras palabras, los discípulos deben esperar desaprobación.

Como lo hizo Jesús.

Sí, *espéralo*, compañera de discipulado. Anticípate a ello. Como «extranjeros y peregrinos» en este mundo (1 P. 2:11), debemos prepararnos para soportarlo en algún nivel. Hemos sido llamadas a sobresalir entre aquellos que ocupan nuestras calles y ciudades, así como entre aquellos que llenan nuestras iglesias pero que solo aparentan ser seguidores devotos de Él. Si realmente vivimos nuestra fe, entonces no pasaremos desapercibidas. «Y también todos los que quieren vivir piadosamente en

Cristo Jesús padecerán persecución» (2 Ti. 3:12). Va a doler. Va a costar.

Sufriremos.

⁓

Me he vuelto mucho más consciente y sensible a esta realidad a medida que me he hecho mayor, no tanto por su impacto en *mí* (aunque también eso es cierto), sino por el impacto cada vez mayor en mis hijos.

Mientras escribo estas líneas, como ya he dicho, mis hijos tienen veintiún, diecinueve y quince años. Están en las etapas gloriosas de la adultez floreciente, donde están encontrando un equilibrio personal en sus carreras y propósitos y donde su fe se está volviendo más personal y práctica.

Cuando eran jovencitos, les enseñaba las Escrituras. Memorizábamos pequeñas porciones de ella, una a la vez, hasta que se convertían en versículos enteros y luego capítulos. Como los educamos en casa durante algunos años, tuve el lujo de incorporar esta rutina en su plan de estudios. Además de eso, los llevamos a una iglesia saludable donde conocieron a personas de ideas afines y aprendieron a servir al cuerpo de Cristo. Tuvimos muchas conversaciones sobre las cosas espirituales y cómo relacionarlas con el mundo que nos rodea. Recuerdo muchas veces que estuvimos sentados alrededor de la mesa del desayuno o preparándonos para ir a la cama por la noche, todas las oportunidades que aprovechamos para inculcarles los valores y las implicaciones de ser un seguidor de Cristo, de formas en las que se alineaban con sus niveles de madurez en cada etapa de la infancia. Nuestra crianza estuvo lejos de ser perfecta. En retrospectiva, haría muchas cosas de manera diferente. Pero puedo decir, con mucha gratitud con mi esposo, que Jerry y yo hemos tratado genuinamente de ser intencionales en su formación espiritual.

También tratamos de criarlos para que se sintieran seguros en su hombría. Casi todos los días de sus vidas, les recordé quiénes estaban llamados a ser, con palabras basadas en la verdad bíblica y les dije en voz alta:

Son hombres de integridad, carácter y honestidad que amarán a Dios con todo su corazón, alma y fuerzas. Cada uno de ustedes es un líder. No un seguidor. Son cabeza. No la cola. Están arriba. No debajo. Son humildes, amables, generosos y fuertes. No fueron hechos para encajar con la multitud. Son diferentes. Hoy serán una bendición para sus maestros, sus hermanos y sus amigos. Recordarán que todo lo pueden en Cristo que los fortalece.

Mis hijos todavía pueden repetir estas líneas al pie de la letra porque las escucharon casi todas las mañanas a lo largo de su crianza. Se las dije una y otra vez con la esperanza de que se convirtieran en la banda sonora de sus comportamientos y actitudes. Oré para que cuando crecieran y tomaran sus propias decisiones, eligieran sus propias relaciones y exhibieran su propio carácter, se alinearan con esas verdades. Incluso ahora, a medida que se acercan a los veinte, todavía les envío mensajes de texto regularmente cuando estamos separados y se las digo en voz alta cuando estamos juntos.

Siéntete libre de tomar esas palabras si lo deseas, para que se las repitas a tus hijos y nietos.

Pero esto es lo que sé. Están llegando a la mayoría de edad en un mundo que en gran manera es opuesto a lo que su padre y yo les hemos enseñado y a lo que las Escrituras les han mostrado.

Si mis hijos eligen, y ruego que lo hagan, vivir como hombres cuyas vidas diarias reflejan los valores bíblicos y una devoción rendida a Cristo, se convertirán automáticamente en extraños en muchos círculos.

Si honran el designio de Dios para la hombría; si valoran y se someten a la autoridad; si respetan y honran a las mujeres; si eligen decir la verdad en amor con respecto al matrimonio, la sexualidad y el género; si se niegan a la promiscuidad y practican la monogamia con una sola esposa; si construyen carreras prometedoras sin comprometer su integridad o ignorar a los demás para lograrlo, se encontrarán desalineados con la ética de su era poscristiana, centrada en uno mismo, que vive en su propia verdad, en la autoexaltación, en lo provocativo, y en la cultura del apresuramiento y la competencia.

Pero eso es solo el comienzo.

Si escogen hacer todas estas cosas sin vergüenza para la gloria del único Dios verdadero; si comparten libremente su fe y guían a otros a Jesús; si son valientes y consistentes en los estándares bíblicos que mantienen como jóvenes, esposos y padres jóvenes; y si al buscar vidas de humildad, altruismo y dominio propio desvían abiertamente toda alabanza a su Señor y Salvador, serán perseguidos. Serán ridiculizados. Desechados y desacreditados. Despreciados y rechazados. Sus «amigos» los verán de forma extraña, dejarán de invitarlos a salir, hablarán mal de ellos a sus espaldas y reclutarán a otros para hacer lo mismo. Serán cancelados en las redes sociales y excluidos de oportunidades donde los que están en posiciones de poder preferirán contratar a personas cuyas convicciones sean menos sólidas, significativas y políticamente incorrectas.

Estos hijos míos, tus hijos e hijas, nuestros nietos y nietas experimentarán el dolor de ser discípulo. Nosotras también lo experimentaremos. Será necesario tener valentía, porque también será difícil para nosotras. Sufriremos por seguir a Jesús de manera tan íntima, tan fiel y exhaustiva. Por entregarlo todo.

Aunque esto no estará libre del peso de la pérdida y la exclusión, tampoco estará sin la bendición de la «participación».

«...la participación de sus padecimientos».

Uno de mis libros favoritos es *Locos por Jesús*, es un libro que con el tiempo se convirtió en una serie de varios volúmenes, publicado por una organización llamada La Voz de los Mártires. Este ministerio busca crear conciencia sobre la difícil situación de las personas que están siendo perseguidas, abusadas, encarceladas e incluso asesinadas por su fe en Cristo en países donde los creyentes enfrentan continuas amenazas contra ellos mismos y sus familias.

Estos libros cuentan muchas de sus historias, que incluso ocurren hoy en día, así como historias de santos en siglos pasados que pagaron costos altísimos por rehusarse a negar a su Salvador. En cada historia que he leído, apenas puedo digerir algo del sufrimiento que tantas personas, tanto mayores como jóvenes, han sufrido por parte de las fuerzas del orden patrocinadas por el estado y las pandillas de milicias rebeldes, solo porque son discípulos de Jesús.

Algunos de ellos han sido excluidos de industrias enteras, dejándolos sin ingresos para mantener a sus familias. Los adolescentes han sido expulsados de sus hogares y abandonados a su suerte en la calle después de ser sorprendidos leyendo un ejemplar de las Escrituras a la luz de una linterna en los rincones oscuros de su hogar. Los padres han sido arrestados y despojados de sus hijos, quienes luego han sido arrastrados al ciclo interminable de un sistema gubernamental roto. Estudiantes han sido acosados, acorralados contra la pared del ridículo y el rechazo. Peor aún, hay historias de cómo quemaron las posesiones de toda una vida, cómo fueron secuestrados seres queridos, cómo se rompieron huesos. En muchos casos, por supuesto, sus propias vidas les fueron arrebatadas.

Sin embargo, lo que me sigue fascinando cada vez que leo estas historias es la paz constante que estas personas dijeron haber experimentado, a pesar del dolor devastador y de las pérdidas que enfrentaron. Hablan de un gozo que los ancla con seguridad, un sentido de la presencia y el cuidado del Espíritu. Relatan sueños y visiones claras en las que Dios les aseguró Su presencia y el hambre que tienen por escuchar Su voz es cada vez más profundo, a través de los fragmentos de las Escrituras que introdujeron de contrabando en la prisión.

¿Escuchas eso? Es el sonido de futuros destrozados, dedos quebrándose, niños gritando por sus padres, lamentos vacíos resonando en la noche. Sin embargo, por encima de eso, dentro de esos lugares y a su alrededor, se escucha de una sed profunda por Dios que se intensifica, de la búsqueda apasionada de las personas por Él que aumenta, de un deseo renovado del cielo transformado en esperanza viva, y de una comunicación con Cristo tan real y tangible como la mano frente a sus ojos. Su Palabra en su aliento. Su vida abundante latiendo de manera inexplicable en sus corazones.

Su cercanía, como una participación conjunta.

Para la mayoría de nosotros, las formas en que experimentaremos la persecución por nuestra fe palidecen en comparación con estos ejemplos que he dado. Es probable que nunca seamos arrestados, estemos hambrientos o seamos martirizados por la causa de Cristo. Pero aunque nuestros cuerpos físicos no sean quemados en una hoguera, nuestro orgullo tendrá que serlo si queremos empezar a soportar el costo relativamente menor de ser ignorados, reemplazados, marginados, rechazados, desacreditados o pasados por alto. Debemos aceptar cualquier forma de sufrimiento relacionado con la fe que llegue a nosotros, no como un final absoluto para todas nuestras esperanzas y planes, sino como una vía para entrar en una temporada de mayor intimidad con Jesús de la que jamás hayamos conocido.

No será fácil. No será divertido. Incluso, a veces, puede ser casi insoportable: ser etiquetado como intolerante y mezquino, ser visto como extraño o peculiar, ser cancelado, que te dejen de seguir y ser reprendido públicamente. He experimentado todas esas cosas. Sé lo que se siente.

Pero no estamos solos. Como Dios le dijo a Elías, después de que el profeta estaba cansado y se sentía aislado hasta el punto de tener pensamientos suicidas debido a muchas experiencias de rechazo y denigración: todavía había hasta «siete mil» sin rostro esparcidos por todo Israel que no habían doblado su rodilla ante los falsos dioses de la época (1 R. 19:18). Incluso en su peor día, Elías seguía en buena compañía.

También nosotros, no solo en compañía de nuestros hermanos en la fe, sino en una comunión sagrada y dulce con Cristo que nos santifica, nos moldea, nos transforma, nos aparta de nuestros ídolos atractivos y reorienta nuestro corazón para amar lo que Él ama y valorar lo que Él considera más importante. Nuestro aumento en el sufrimiento por Él ha resultado en una mayor amistad con Él.

Algunas de mis amistades más íntimas con otras mujeres se han fortalecido en el valle de los momentos difíciles. Es posible que tu experiencia sea muy parecida. Cuando pienso en las pocas amistades de toda la vida que más atesoro, es casi irónico cuánto está ligada la profundidad de nuestra relación a los momentos difíciles por los que hemos pasado juntas.

Por supuesto, también hemos compartido muchos momentos de sosiego en el camino: muchas tazas de café, muchas salidas tranquilas, incluso algunos viajes de placer a lugares divertidos donde nos hemos acercado más la una a la otra compartiendo buenas experiencias. Pero los momentos que han unido nuestros corazones en un solo corazón han sido esas horas duras en las que nos hemos tomado de la mano y nos hemos abrazado cuando un padre murió, cuando un aborto espontáneo destrozó nuestras esperanzas, cuando una cirugía sacó a la superficie todos nuestros miedos, cuando un sueño incumplido amenazó con desanimarnos. Estos momentos vulnerables rompieron con la superficialidad que existía en nuestra amistad, con nuestras bromas amigables, mientras enfrentábamos juntas ese tiempo de sufrimiento y caminábamos entre lágrimas hasta la otra orilla, donde fuimos introducidas a una nueva clase de amistad y compañerismo.

Había una compasión más profunda la una por la otra. Más conciencia de la situación difícil de la otra. Un nuevo interés en escuchar al Señor, queriendo llevar la perspectiva del Padre a todas las cosas que estaban sucediendo. Hambre de palabras que decir o incluso de un hombro silencioso al que abrazar.

Me tomó mucho tiempo darme cuenta de que cuando nuestro padecimiento en el sufrimiento madura en los padecimientos de *Su* sufrimiento, dejamos de enfocar nuestras oraciones tanto en pedirle que cambie las situaciones que estamos enfrentando. En cambio, empezamos a preguntarle cómo quiere transformarnos mientras estamos en medio de ellas. En lugar de solo preguntarnos por qué y enojarnos porque no responde como queremos, comenzamos a preguntar *cómo: Señor, ¿de qué manera puedes recibir la mayor gloria de mí, de nosotros, a través de esta situación?* Como dijo una de mis autoras favoritas del pasado, Elisabeth Elliot: «El secreto es "Cristo en mí", no yo en otras circunstancias diferentes»[3] (Ver Col. 1:17).

Esta es la pasión del discípulo.

No se trata de ser, en primer lugar, liberado del sufrimiento, sino de ser moldeado a la imagen de Jesús a través del sufrimiento.

Escucha, amiga, Él lo sabe. Él sabe lo que se siente al sufrir, en formas que nunca sabremos. Él simpatiza con nosotras en nuestra lucha porque Él ha estado aquí antes, queriendo que la copa de la angustia pasara de Él para que no se le exigiera beber lo que llevaba dentro y sin embargo, «por el gozo puesto delante de él sufrió la cruz, menospreciando el oprobio» (He. 12:2).

Él nos espera e intercede por nosotras, prometiendo que nunca nos dejará ni nos abandonará mientras caminamos por nuestros senderos largos y solitarios de sufrimiento, tanto el sufrimiento de estos tiempos, como el sufrimiento de una vida piadosa en Cristo. Él ha prometido recibir en Su corazón cada dolor que sintamos, aliviándolo, caminando con nosotras en el proceso y usándolo para acercarnos más a Sus brazos y experimentar una comunión con Él que de otra manera nunca conoceríamos.

Pregúntale a Michelle. Ella te lo dirá.

Ella ha aprendido de una manera completamente diferente al no poder ver.

Oh, mi hermana, oh, mi hermano, si te encuentras en las garras del sufrimiento hoy, aférrate de tu Salvador más fuerte de lo que el dolor se ha apoderado de ti.

No lo sueltes.

No ahora.

Todavía no.

No hasta que puedas decir: «Hasta ahora solo había oído de ti, pero ahora te he visto con mis propios ojos» (Job 42:5, NTV).

Lo rindo todo

¿Quién nos separará del amor de Cristo? ¿Tribulación,
o angustia, o persecución, o hambre, o desnudez, o
peligro, o espada?
Romanos 8:35

Escribe sobre la circunstancia más difícil que estás enfrentando en este momento. Responde con honestidad, ¿esta experiencia está haciendo que tu corazón se endurezca en contra de Dios o te está acercando a Él?

_____

_____

_____

_____

_____

_____

_____

_____

_____

¿De qué maneras has visto que ciertas corrientes de la
comunidad cristiana (1) exaltan el sufrimiento como una
marca de piedad o (2) idealizan la facilidad y la comodidad
como una señal de piedad?

¿Hay alguna forma (o formas) en la que una dificultad que estás experimentando ahora esté específicamente relacionada con tu fe pública en Jesús? ¿En tu trabajo? ¿En tu familia? ¿En algún otro lugar? ¿De qué manera este sufrimiento está aumentando tu comunión con el Señor?

_____

_____

_____

_____

_____

_____

_____

_____

_____

_____

_____

_____

_____

Lecturas adicionales:
Mateo 5:11 • Filipenses 3:8 • Hebreos 5:8

CAPÍTULO 7

A todo lugar donde vayas

Vayan, pues, y hagan discípulos de todas las naciones,
bautizándolos en el nombre del Padre
y del Hijo y del Espíritu Santo
Mateo 28:19, NBLA.

C. S. Lewis es uno de mis autores favoritos de todos los tiempos y su libro *Mero cristianismo* es un clásico. Las últimas frases que escribió en este libro hablan el lenguaje de los verdaderos discípulos.

> Nada de lo que no hayas dado será realmente tuyo. Nada en ti que no haya muerto resucitará de entre los muertos. Búscate a ti mismo, y a la larga solo encontrarás odio, soledad, desesperación, rabia, ruina y decadencia. Pero busca a Cristo y lo encontrarás y con Él todo lo demás.[4]

Anhelo y oro que a lo largo de este viaje que hemos hecho juntas, el llamado de Cristo a *rendirlo todo* se haya convertido en tu nuevo objetivo de vida. Eso es lo que se ha vuelto para mí. Necesitarás hacer algunos ejercicios de introspección. Probablemente sea necesaria la ayuda honesta de alguien más para arrancar de raíz los bastiones arraigados del pecado y del yo, que se resisten a ser desplazados para el discipulado. Sobre todo, se necesita la luz del Espíritu Santo para encontrar a los que se esconden, aquellos que son menos evidentes y acechan en lugares secretos.

Aunque mucho de lo que nos transforma en discípulos que se han entregado por completo ocurre en esos espacios secretos y personales donde nadie más está mirando, fuera del ojo público, el discipulado no ocurre solo en el espacio privado. Si solo buscamos alcanzarlo en nuestros cuartos de oración y a través de nuestras disciplinas espirituales personales, nos encontraremos con un límite evidente. C. S. Lewis lo expresó con claridad...

> Nada de lo que no hayas dado será realmente tuyo.[5]

Tal vez el siguiente paso que necesitas dar para crecer como discípulo devoto implique algo menos privado y más orientado hacia lo público. Tal vez la satisfacción que buscas se encuentra en dar de lo que se te ha dado. Al completar el ciclo de discipulado mencionado por Jesús en Mateo 28:19. Al unir tu corazón de discípulo con el de los demás. Al llevar tu vida entregada fuera del salón de clases y compartir lo que has aprendido de Dios y de Su Palabra con alguien más.

«Vayan... y hagan discípulos».

En una de las últimas conversaciones que Jesús tuvo con Sus discípulos antes de ser crucificado, les dijo: «Aún tengo muchas cosas que deciros, pero ahora no las podéis sobrellevar» (Jn. 16:12). Pero después de Su muerte, Él compartiría algunas de ellas. Sus discípulos ahora podían saber con certeza, después de haber visto Su resurrección, que Él realmente tenía el poder para cumplir todas las promesas y predicciones que había hecho a lo largo de su camino con ellos.

- «Lo que es imposible para los hombres, es posible para Dios» (Lc. 18:27).
- «Todo cuanto pidiereis al Padre en mi nombre, os lo dará» (Jn. 16:23).
- «Cuando venga el Consolador, a quien yo os enviaré del Padre, el Espíritu de verdad, el cual procede del Padre, él dará testimonio acerca de mí. Y vosotros daréis testimonio también, porque habéis estado conmigo desde el principio» (Jn. 15:26-27).

- «Cuando os trajeren a las sinagogas, y
  ante los magistrados y las autoridades, no
  os preocupéis por cómo o qué habréis de
  responder, o qué habréis de decir; porque
  el Espíritu Santo os enseñará en la misma
  hora lo que debáis decir» (Lc. 12:11-12).

Cuando los discípulos estuvieron con Jesús por última
vez en la tierra, antes de que ascendiera al cielo, Él les dio
Sus últimas indicaciones, la última de esas «muchas cosas»
que había estado esperando decirles hasta después de haber
resucitado de entre los muertos.

> «Vayan, pues, y hagan discípulos de todas
> las naciones, bautizándolos en el nom-
> bre del Padre y del Hijo y del Espíritu
> Santo, enseñándoles a guardar todo lo que
> les he mandado; y ¡recuerden! Yo estoy
> con ustedes todos los días, hasta el fin del
> mundo» (Mt. 28:19-20, NBLA).

En ese momento los discípulos no sabían cómo
llevarían a cabo esta tarea. A pesar de la renovada y
vigorosa fe que sin duda sintieron, todavía se preguntaban cómo podrían alcanzar a «todas las naciones». Esto
habría parecido una misión poco realista e irrazonable.
Pero si Su vida, muerte y resurrección les había demostrado algo, era que Él podía abrir un camino. Si Él decía

que podían hacerlo, Él se aseguraría de que pudieran hacerlo.

Y Él se asegurará de que también nosotras estemos equipadas para hacerlo.

Para ti y para mí, discípulos de hoy, el mandamiento de ser hacedores de discípulos es claro. Las palabras de Jesús nos dicen que vayamos. Nos dicen que enseñemos. Nos dicen que seamos parte de la expansión de Su evangelio, ayudando a otros creyentes hambrientos para que adopten esta misma mentalidad de discipulado que hemos llegado a comprender con más plenitud, a sus mentes, corazones y decisiones diarias. También nos dice que Él estará allí con nosotras todo el tiempo, «todos los días, hasta el fin del mundo», para empoderarnos, equiparnos y animarnos a llevar a cabo la misión. Solo podemos fallar si no obedecemos.

Pero si lo seguimos aun en esto, para dar lo que se nos ha dado, nos sentiremos fortalecidas como *nunca antes* para seguirlo con más pasión y a un nivel más íntimo.

Esta podría ser la clave para el crecimiento y el avance que has estado anhelando.

Si te sientes atrapada dentro de tu cuarto de oración, probablemente sea porque es hora de darle la bienvenida a alguien más en tu oficina o dormitorio, salir a almorzar o a tomar un café, alguien con quien el Señor ha estado trabajando soberanamente para conectarte, alguien que ha estado orando por una persona que pueda enseñarle el verdadero significado de seguir a Cristo.

Porque cuando no te limitas a buscar al Señor para ti solamente, sino que también te dedicas a invertir en otra persona, despiertas tu fe y enciendes un nuevo fervor y una pasión santa. Cuando empiezas a presenciar que el mismo entusiasmo por Él comienza a florecer en otra persona como resultado de lo que el Señor está derramando en ti, no hay techo para contener las bendiciones y los beneficios.

Así que...

Vayan

Todos los días, tú y yo estamos en una posición que puede impactar a otras personas para la gloria de Dios e invitarlas a una relación más íntima y ferviente con Jesucristo. Si tenemos ojos para ver, oídos para oír y si tenemos un corazón sensible para detectar las realidades espirituales, el Señor nos dará de forma continua oportunidades para compartir las verdades vivas de Su reino eterno a los demás.

Para muchos, la tentación es pensar que la tarea de hacer discípulos está reservada para aquellos que tienen títulos de seminario en sus paredes o micrófonos ministeriales en sus manos. Tendemos a pensar que el mandamiento no se aplica a nosotras, que no estamos calificadas para hacerlo porque no tenemos el carisma y la plataforma para lograrlo. Pero esto está muy lejos de la verdad. Recuerda que cuando Jesús pronunció estas palabras por primera vez, estaba dirigiéndolas a un grupo de pescadores, recaudadores de impuestos y otras personas comunes transformadas, en lugar de a pensadores religiosos con formación teológica. Todos estamos llamados a este ministerio como hijos redimidos de Dios, enviados para hablarle a «todas las naciones» de nuestro Salvador. Es parte integral de nuestra propia entrega. Es parte de nuestro privilegio. Es parte de nuestra adoración. Es parte de nuestra gratitud como creyentes en un Dios que ha sido lo suficientemente misericordioso como para hacernos también Sus discípulos.

«Vayan...».

En el idioma original, esta palabra en español se puede expandir para decir «*A medida* que avanzas». Esto implica que la misión principal de hacer discípulos debe ser un hilo continuo que atraviesa los ritmos cotidianos de nuestras vidas.

A medida que avanzamos a lo largo del día, anticipamos oportunidades. Nosotras las buscamos. Nos mantenemos alerta orando por ellas, con la mirada atenta para identificarlas. No estamos sorprendidas, sino expectantes de que cualquier encuentro de hoy pueda brillar con un potencial santo y sagrado, dándonos la oportunidad de decir algo, hacer algo o ser un ejemplo para los demás de lo que Jesús nos ha hecho y nos ha llamado a ser. Nuestro conjunto de tareas para la mañana, nuestra lista de quehaceres pendientes para la tarde, son herramientas entregadas en Su mano para donde Él diga que debemos ir, a quienquiera que Él ponga frente a nosotros.

Sus discípulos reconocen que no hay nada al azar o por casualidad dentro de las esferas de influencia en las que hemos sido colocados para participar. La reunión que tienes programada para dirigir, el hijo que te ha tocado educar, la organización que se te ha confiado para administrar, los atletas que has reclutado para entrenar, los empleados que tienes que supervisar o los vecinos que tienes cerca, todo está diseñado con un propósito. Cada situación tiene la posibilidad de convertirse en una interacción sagrada en cualquier momento.

Un encuentro «a medida que avanzas».

La Biblia está repleta de momentos «a medida que avanzas» que Dios transformó en experiencias significativas. El joven David, cuando aún no era el poderoso rey de Israel, fue enviado por su padre, Isaí, para servir a sus hermanos mayores que luchaban en el frente como parte del ejército de Israel. «Toma ahora para tus hermanos un efa de este grano tostado, y estos diez panes, y llévalo pronto al campamento a tus hermanos» (1 S. 17:17), como un motorizado antiguo de un servicio rápido que entregaba pedidos para el almuerzo. Su objetivo era llevarles este paquete de provisiones desde casa. «Mira a ver cómo están tus hermanos» (v. 18, NBLA), y después regresa con noticias sobre cómo les está yendo. Ve, da, pregunta, regresa y trae el reporte. Esa era la lista de tareas pendientes que su agenda tenía ese día.

¿Cómo pudo saber David que ese sería el día en que se enfrentaría directamente a Goliat en el campo de batalla y cumpliría una tarea divina, y que ese sería un acontecimiento crucial en su vida?

Luego está Abdías. Era un hombre santo decidido a honrar a Dios y servir a su pueblo, la nación de Israel, incluso mientras trabajaba como funcionario del malvado rey Acab. Una mañana, en medio de una devastadora sequía de tres años y medio, se presentó a trabajar y recibió su tarea del día: «Ve por la tierra a todas las fuentes de agua y a todos los valles; quizá hallaremos hierba y conservaremos con vida los caballos y los mulos, y no tendremos que matar parte del ganado» (1 R. 18:5, NBLA). Esas eran sus órdenes, ir a buscar cualquier planta verde que creciera.

¿Cómo podría haber sabido Abdías que, mientras cumplía con esta tarea mundana, Jehová conectaría soberanamente su camino con el del profeta Elías, un encuentro que resultaría en la construcción de dos altares en el monte Carmelo, uno de los cuales sería devorado por el fuego del Dios Todopoderoso?

¿O qué hay de Rut? Era una mujer desanimada y desarraigada de la única vida que había conocido. Una joven viuda moabita que había decidido seguir a su suegra israelita Noemí, también viuda, de regreso a Belén. Pero aun estando juntas, sus expectativas de tener lo suficiente para vivir eran escasas. Desesperada por comida, ella de «casualidad» terminó (Rut 2:3, NVI) en los campos cercanos de un hombre llamado Booz, con la esperanza de recoger suficiente grano tanto para Noemí como para ella misma de las espigas que caían accidentalmente de las manos de los segadores durante la cosecha. Así era como pensaba pasar el día.

¿Cómo pudo saber Rut que este hombre, Booz, se convertiría en su esposo, con quien ella daría a luz un hijo, un niño llamado Obed, cuyo hijo sería el mismo Isaí que envió a su hijo David con el almuerzo para sus hermanos que estaban en el ejército? El mismo David que se convertiría en el que mató al gigante y en un rey.

Pueden suceder muchas cosas «a medida que avanzas».

El estilo de vida de Jesús fue el epítome de esto. Piensa en la tarea que tenía en mente mientras se dirigía a Jerusalén por última vez.

> He aquí subimos a Jerusalén, y el Hijo del
> Hombre será entregado a los principales
> sacerdotes y a los escribas, y le condenarán
> a muerte, y le entregarán a los gentiles; y
> le escarnecerán, le azotarán, y escupirán en

él, y le matarán; mas al tercer día resucitará
(Mr. 10:33-34).

Nadie tuvo tanto en su plato, tanto de qué preocuparse. Y sin embargo...

> *Yendo Jesús a Jerusalén*, pasaba entre Sama-
> ria y Galilea. Y al entrar en una aldea, le
> salieron al encuentro diez hombres lepro-
> sos, los cuales se pararon de lejos y alzaron
> la voz, diciendo: ¡Jesús, Maestro, ten mise-
> ricordia de nosotros! Cuando él los vio, les
> dijo: Id, mostraos a los sacerdotes. Y acon-
> teció que mientras iban, fueron limpiados
> (Lc. 17:11-14, énfasis añadido).

Incluso considerando a dónde se dirigía Jesús y lo que
iba a hacer allí, seguía escuchando, observando y antici-
pando la voluntad continua de Su Padre, buscando personas que pudiera atraer hacia Él. Este «pueblo» al que
entró no era su destino final; Él se dirigía a la ciudad. Pero
este momento «a medida que avanzaba» no fue solo una
casualidad afortunada para diez leprosos que necesitaban
lo que solo Jesús podía hacer. El *ir* era tan importante en
Su agenda como el destino al que se dirigía.

¿Cómo lo sabemos? Porque era Su costumbre estar
atento a los asuntos de Su Padre mientras iba a diferentes
lugares.

- Una vez, «acercándose» Jesús a la ciudad de Jericó, un ciego escuchó que Él justo «pasaba» por ahí. Por encima del ruido tumultuoso de la multitud, Jesús escuchó la voz afligida del hombre que clamaba por ayuda. Jesús se detuvo, lo llamó para que se acercara, lo bendijo por su fe y le devolvió la vista (Lc. 18:35-43).

- Cuando «iba» a la ciudad de Naín, Jesús vio a lo lejos un cortejo fúnebre. A través de la puerta de la ciudad había una gran multitud que consolaba a una viuda afligida, mientras algunos llevaban el féretro de su único hijo a la tumba. Jesús «la vio» y «se compadeció de ella», se acercó lo suficiente como para tocar el ataúd abierto, ¡y el joven se levantó, con vida! (Lc. 7:11-17).

- «Mientras iba» a la casa de un hombre cuya hija estaba a punto de morir, Jesús sintió que una mujer se le acercó por detrás en medio de la multitud, creyendo que con solo tocar Su manto podría ser curada de su flujo de sangre. Aunque los asuntos que tenía con el principal de la sinagoga eran urgentes, Jesús se tomó el tiempo para hablar con esta mujer tímida y fiel y declararla sanada de su enfermedad (Lc. 8:41-48).

Esta era Su manera, Su camino. Mirar y escuchar. Buscar y servir. Para responderle a las personas que estaban tratando de entender qué podían lograr teniendo fe en Él. Lo hizo *en Su camino*.

El capítulo 4 del Evangelio de Juan narra una conversación entre Jesús y una mujer que estaba sacando agua de un pozo, una conversación que le cambió la vida a ella. El versículo 3 dice que Jesús había salido de Judea, dirigiéndose al norte, a Galilea, y que «le era necesario pasar por Samaria» (v. 4). ¿Era *necesario* hacerlo? Sí, no solo porque ese era el camino natural según la geografía, sino porque allí lo había dirigido la soberanía sobrenatural de Su Padre.

Incluso para una tarea tan importante como llamar a Sus primeros discípulos, la Biblia dice que ocurrió «andando junto al mar de Galilea», donde vio a Simón y a Andrés y los invitó a seguirlo. Luego, «pasando de allí un poco más adelante», se encontró con otro par de hermanos, Jacobo y Juan, a quienes les hizo la misma invitación (Mr. 1:16-20). El nombramiento de estos hombres era un objetivo primordial y crucial para Su misión, sin embargo, incluso este importante llamamiento sucedió *a medida que Él avanzaba*.

Las personas que Jesús conoció y ministró en estos encuentros, aparentemente no programados, con frecuencia se sorprendían al encontrarse en Su presencia, pero Jesús nunca se sorprendió por la de ellos. Hacer este tipo de conexiones precisas y en tiempo real era el objetivo de

Su misión. Este era Su propósito al estar allí. No estaba más concentrado en llegar al punto B, sino en observar las prioridades que se evidenciaban en el camino desde el punto A.

Nosotros, como Sus discípulos, debemos viajar con la misma expectativa. Si queremos ser como Jesús, si queremos reflejar el corazón de Jesús, si queremos expresar la compasión de Jesús, si realmente queremos seguir a Jesús, haremos del «hacer discípulos» nuestra nueva descripción general de trabajo, incluso de las maneras más informales y pasajeras. Lo representamos dondequiera que vayamos. No solo cuando llegamos allí, sino todo el tiempo a medida que avanzamos.

¿Es posible que te estés esperando «llegar» a una meta teórica, o alcanzar algún nivel de conocimiento o manejo teológico, antes de sentir que puedes ser un discípulo útil que tiene la misión de hacer otros discípulos? No necesitas esperar más. En lugar de eso, puedes recordar Su promesa: «Yo estoy con vosotros todos los días», en cada paso del camino, para abrir tus ojos en cada oportunidad y luego capacitarte para sobresalir en ella.

A medida que avanzas.

Así que te comparto una oración que he incorporado en mi propia vida de oración, para ayudarte a cambiar tu enfoque hacia la formación de discípulos. A partir de hoy, ora esto:

Señor, abre mis ojos espirituales para ver las oportunidades que me darás para representarte hoy delante los demás. Dame una sensibilidad inusual hacia los lugares donde ya estás trabajando y donde me estás invitando a asociarme contigo en la vida de otra persona. Dame abundancia de recursos, tangibles (como el dinero) e intangibles (como el tiempo y la paciencia) que me permitan ser la respuesta a la oración de otra persona.

Si empiezas a orar de esta manera, puedo asegurarte por mi propio testimonio personal que inmediatamente empezarás a reconocer un nuevo patrón que se está formando a tu alrededor. Verás que muchas de las situaciones que solías llamar *interrupciones* son en realidad *intervenciones* divinas e *invitaciones* santas para que te asocies con tu Señor en Sus planes y propósitos soberanos.

Bautícenlos

Hace unos años, hice un viaje inolvidable a Israel. Cada parte del viaje por Tierra Santa fue espectacular, como te podrás imaginar. La explicación que hizo el guía de los lugares históricos y la historia bíblica relacionada a ellos fue fascinante y reveladora.

Una de las visitas más memorables fue a una aldea en Nazaret que había sido reconstruida sobre restos antiguos desenterrados por arqueólogos en las profundidades del subsuelo. Se habían contratado trabajadores con vestimenta de la época para simular muchas de las actividades

que habrían formado parte de la vida diaria en esta comunidad durante la época de Cristo. Los viñadores cuidaban
los viñedos. Los guardianes estaban ubicados en una torre
de observación que supervisaba la zona. También había
una estructura tipo cabaña, cuidadosamente diseñada, en la
que los tejedores trabajaban con lana, demostrando cómo
los artesanos del primer siglo transformaban el material
en hilos y lanas útiles a través de un eje que funcionaba
con pedales.

Una vez que la lana se convertía en hilo, el hábil teje-
dor ponía ingredientes específicos en ollas hirviendo con
agua, como azafrán, granada, nueces, cáscaras de cebolla
u hojas de árboles, para crear un tono de color determinado en cada recipiente. Luego sumergía todo el hilo de
lana en las cubetas de líquido caliente, bautizándolos y
pasando de una neutralidad monótona a colores variados
y vibrantes.

El proceso inmersivo transformaba el hilo por completo. El objetivo detrás de este proceso bautismal no era
solo mojar el material; sino que cambiaría por completo su
identidad para que ya no se asociara con el tono monótono
y lúgubre que lo había caracterizado en el pasado. La lana
era nueva. Era fresca. Era útil. Era hermosa.

El sacramento bíblico del bautismo en agua para el
creyente tiene este mismo propósito. Es un acto de obediencia que se hace una sola vez, un acto de proclamación
y de cambio de identidad. En primer lugar es un anuncio

a todo aquel que lo presencia de que esta persona no es la misma, ahora que ha creído en Cristo, ahora que se ha arrepentido de sus pecados y ha sido declarada perdonada por su fe en la sangre derramada de Jesús. En segundo lugar, el agua que se desliza por sus mangas, por su cabello y por sus dedos simboliza la nueva identidad que le pertenece. En sentido simbólico, entra al agua de una manera y sale del agua transformada, diferente y nueva.

Así como la nueva coloración de la lana es una recategorización de su identidad, el bautismo en agua es una imagen de esta misma transformación. Escuchemos cómo lo expresó el apóstol Pablo:

> ¿O no sabéis que todos los que hemos sido bautizados en Cristo Jesús, hemos sido bautizados en su muerte? Porque somos sepultados juntamente con él para muerte por el bautismo, a fin de que como Cristo resucitó de los muertos por la gloria del Padre, así también nosotros andemos en *vida nueva* (Ro. 6:3-4, énfasis añadido).

A medida que tomamos en serio el mandato de Jesús de «bautizarlos», nos proponemos ayudar a aquellos a quienes discipulamos para que reconozcan y vivan a la luz del cambio de identidad que significó su bautismo en agua. Ayudarlos a realinear su mentalidad, actitudes y comportamientos para reflejar su nueva identidad en la cotidianeidad práctica de la vida. Ayudarlos a vivir cada día la realidad de estar muertos al pecado y vivos para Dios. Creciendo en esta «novedad» de corazón y mente, de alma y cuerpo que un creyente ahora es capaz de experimentar. Ya no pasan el día como si sus vidas todavía estuvieran condicionadas por los colores viejos de su pasado. La hija de Dios es nueva. Es libre.

Las personas necesitan desesperadamente ser discipuladas para entender lo que realmente significa su bautismo: que no solo son liberadas de su pecado, sino que también son «libres de la ley, por haber *muerto* para aquella en que estábamos sujetos, de modo que sirvamos bajo el régimen *nuevo* del Espíritu y no bajo el régimen *viejo* de la letra» (Ro. 7:6, énfasis añadido). Ya no están obligadas a seguir el pecado y ya no están obligadas a seguir la ley. Ahora son libres de seguir a Jesús, no solo porque así se debe hacer, sino porque está alineado con lo que somos.

Transformadas. Bautizadas.

En una vida nueva.

Como discípulos.

Cuando esta realidad cobra sentido para ti, tienes el privilegio de compartirla en la vida de otras personas «a medida que avanzas» y «haces discípulos» que han sido «bautizados» en una nueva identidad.

Mira a tu alrededor. ¿Quién en tu esfera más cercana necesita entender mejor la verdad? ¿Con quién te encuentras en tu rutina diaria, aquellos con quienes ya compartes tu vida? Podrían ser sus hijos (definitivamente tus hijos). Nunca pases por alto a los discípulos jóvenes que crecen bajo tu techo y a los amigos que a menudo vienen a jugar con ellos. Pero tal vez sea un vecino. Tal vez sea una mujer joven o una adolescente en tu iglesia. Tal vez sea una compañera de trabajo, una mamá con la que te encuentras con frecuencia en el entrenamiento de fútbol, la señora que te hace las uñas, incluso una extraña con la que el Señor te ha llevado a tener una relación de alguna manera extrañamente interesante.

Vayan.

Bautícenlos.

Y...

Enséñales

En mi iglesia local en Dallas, mi hermana supervisa una reunión semanal para mujeres llamada *Life on Life* [Vida compartida]. Es el nombre adecuado porque el objetivo de la reunión no es solo escuchar la enseñanza de la Palabra de Dios, sino recibir orientación práctica sobre cómo implementarla en la vida diaria. Es «una vida» que interactúa con otra a través del intercambio de verdades y experiencias mutuas. Es alguien que decide ser vulnerable, compartiendo sus éxitos y fracasos, alegrías y retos, para que los demás en su grupo puedan aprender y aprovechar lo que el Señor le ha enseñado.

Porque, ¿de qué sirve saber lo que Dios dice sin entender qué hacer con eso, cómo responder con obediencia en
la vida real?

Esto, también, es parte de hacer discípulos de la
manera en la que Jesús nos mandó a hacerlos. *Enseñando.*
Sumado al aprendizaje que podemos obtener de aquellos
que han puesto en práctica Su verdad o de aquellos que,
de vez en cuando, no han seguido Su verdad y han aprendido valiosas lecciones a través de experiencias difíciles.
Podemos aprender (y enseñar) también de esas vivencias.

Estoy convencida de que este es uno de los componentes cruciales que faltan en el cuerpo de Cristo hoy en
día. Millones de personas escuchan la Biblia que se les
enseña durante una hora y media en su reunión dominical
cada semana, pero no reciben ninguna ayuda personal,
continua, de «vida compartida» más allá de este espacio
de tiempo en su calendario. Se preguntan por qué nunca
avanzan mucho incorporando lo que han aprendido en su
vida diaria.

Esta es la razón: no han conocido a alguien dispuesto
a enseñarles o no han estado dispuestos a ser enseñados.

- Como un padre primerizo, que fue criado
  por una madre soltera, a quien otro hombre
  le muestra cómo honrar a Dios en su papel
  de padre, al poner en acción los principios
  de las Escrituras en su vida.

- Como una joven emprendedora que es aconsejada por una mujer de negocios experimentada sobre cómo proyectar una visión, dirigir personas e implementar una estrategia efectiva mientras aplica los principios de Dios a sus aventuras empresariales en desarrollo.

- Como un estudiante de secundaria que está navegando por las presiones únicas que enfrenta la generación actual de adolescentes, que es tomado bajo el ala de un mentor veinteañero.

- Como una madre joven que quiere aprender a administrar eficazmente su hogar, encontrar el equilibrio en su agenda, y nutrir a su familia física y espiritualmente, quien es acogida por una madre que ya tiene el nido vacío y quien ya ha recorrido ese camino.

En cualquier momento de nuestras vidas, debemos ser ambas personas al mismo tiempo: *recibiendo* la enseñanza personal de un discípulo mayor y más maduro, al mismo tiempo que *damos* enseñanza personal a un discípulo más joven y en proceso de madurez. Debemos estar dispuestas a dar y al mismo tiempo estar dispuestas, con humildad, a recibir.

Hay un equilibrio y una recompensa por descubrir en ambos lugares.

Cuando ignoramos o evitamos este aspecto del discipulado debido a la demanda de tiempo que implica, o por el temor de no ser lo suficientemente sabios o estar bien preparados para hablar con autoridad con otra persona, estamos privándole de una bendición a otro de los hijos amados de Dios. Además, también nos la estamos privando a nosotros mismos.

Cuando preferimos evitar o ignorar este mandato, limitamos la devoción completa y un nivel más profundo de compromiso que quisiéramos tener con nuestro Salvador.

Escucha las palabras verdaderas e inquietantes de Watchman Nee, un evangelista chino de principios del siglo xx:

> Por mi cuenta no puedo servir al Señor de manera efectiva, y Él no dudará en hacer lo necesario para enseñarme esto. Dejará que las cosas lleguen a su fin, permitirá que se cierren puertas y que me dé golpes en la cabeza contra una pared para buscar soluciones hasta que reconozca que necesito la ayuda del Cuerpo, además de la del Señor. Porque la vida en Cristo es la vida del Cuerpo, y los dones que nos da son para la obra que edifica al Cuerpo.[6]

No recibas la Gran Comisión de Cristo como una demanda indeseable, como una situación intimidante que hay que evitar en una vida demasiado ocupada con otras responsabilidades. Asúmelo, amada. Aquí hay vida abundante. Tu propósito florecerá, tu capacidad se expandirá. Habrá una nueva profundidad en tu dependencia de Jesús, así como una nueva motivación para aprender y crecer en tu conocimiento de Él.

Al eliminar cualquier complicación adicional que te esté impidiendo invertir tu vida en los demás, descubrirás que solo han estado quitando y reduciendo tu vida durante todos estos años. Al deshacerte de ellas, finalmente podrás alcanzar tu plena altura espiritual y disfrutarás de las alegrías inusuales que vienen de cumplir con tu vocación. Podrás vivir en libertad y sin cargas al dedicarte únicamente a Cristo y a Su reino.

Te necesitamos. Sin lugar a duda, por lo menos hay una persona en tu mundo en este momento que *realmente* necesita una relación de discípulo a discipulador contigo y ser bendecido por ella. Este vínculo podría ser el inicio de la fe que alguien ha estado anhelando descubrir y a partir de ese lugar, extenderse a muchas otras personas.

- *Ve* a ellos. Acércate a las personas en el nombre de Jesús.
- *Bautízalos*. Ayúdalos a entrar y vivir una identidad salva en Jesús.

- *Enséñales*. Muéstreles a través del ejemplo y la instrucción cómo incorporar de
  forma práctica la verdad bíblica en su vida
  cotidiana.

Luego prepárate para que se eliminen todas las limitaciones de la superficie y te quedes con un corazón rendido
por completo a Jesús.

Lo rindo todo

Sed imitadores de mí, así como yo de Cristo
1 Corintios 11:1.

¿Cuáles son algunos de los lugares a los que «vas» de forma rutinaria y que no sueles verlos como un espacio potencial que Dios puede usar? ¿Cómo podrías rendir esos momentos a Él de manera más consistente?

_____

_____

_____

_____

_____

_____

_____

_____

_____

_____

¿De qué maneras, si es que hay alguna, te sientes inadecuada o incapaz de discipular a otra persona? Escribe todo lo que te venga a la mente y luego tómate un tiempo para ponerlo delante del Señor.

_____

_____

_____

_____

_____

_____

_____

_____

_____

_____

_____

_____

_____

_____

_____

Usa estas palabras como una base para tu propio tiempo de oración con el Señor en este momento. Habla con Él y escribe en un diario lo que Su Espíritu te está diciendo: *Señor, abre mis ojos espirituales para ver las oportunidades que me darás para representarte ante los demás hoy. Dame una sensibilidad inusual en los lugares donde ya estás trabajando, y donde me estás invitando a participar contigo en la vida de otra persona. Dame muchos recursos, tanto tangibles como intangibles, los cuales me permitan ser la respuesta a la oración de otra persona.*

Lecturas adicionales:
Romanos 10:14-17 • Colosenses 1:28-29 • Tito 2:4-8

CAPÍTULO 8

Todo por Jesús

Pues el amor de Cristo nos apremia
2 Corintios 5:14, NBLA.

Por lo menos hay 170 embajadas de los Estados Unidos repartidas en diferentes países y continentes de todo el mundo. Estas embajadas representan los intereses de Estados Unidos a pesar de que están situadas en suelo extranjero, y son un refugio seguro para los ciudadanos estadounidenses que viven allí o pueden estar viajando al extranjero. Si un estadounidense está en problemas, las embajadas representarán y harán cumplir las leyes de los Estados Unidos en nombre de sus ciudadanos.

Al mando de cada embajada hay un embajador de los Estados Unidos, un diplomático de alto rango que representa los intereses e ideales del gobierno estadounidense, a pesar de vivir y trabajar en suelo extranjero. Si bien todas las facetas de sus actividades diarias ocurren dentro del país al que han sido asignados, permanecen constantemente conscientes de su propósito, tal como lo define el país que representan. Hacer tareas cotidianas de la vida, como preparar la cena con sus familias, compartir una noche con sus amigos o hacer mandados, no los hace menos embajadores que cuando supervisan una reunión con funcionarios de gobiernos extranjeros. Los embajadores saben quiénes son, saben de dónde vienen y saben cuál es su misión. Por lo tanto, cada decisión que toman está basada en la misión general que tienen de representar bien a los Estados Unidos. Esto significa que reconocen constante e intencionalmente su lealtad a su patria, incluso mientras residen en una tierra extranjera. No se mezclan con su entorno sin antes pensarlo bien. Son *embajadores*. En todo lo que hacen. Dondequiera que vayan. Siempre.

Nosotros también.

Como creyentes en Jesús, somos embajadores del reino de los cielos. Estamos situados en el suelo extranjero de una tierra caída, pero esta versión deteriorada de ella no es nuestro hogar. Estamos *en* el mundo, pero no somos «del mundo» (Jn. 17:14,16). En lugar de mezclarnos a la perfección con él, debemos permanecer intencionalmente conscientes de que tenemos la tarea de representar los intereses e ideales del reino desde el cual hemos sido enviados. Esto significa que dondequiera que vayamos y en todo lo que hagamos, somos embajadores de Él. La tarea no cambia dependiendo de lo que estemos haciendo cada día. Siempre estamos en misión. Todas las personas que conocemos, cuando están cerca de nosotros durante un período de tiempo prolongado, deben poder decir quiénes somos y cuál es nuestra misión, no porque la estemos anunciando, sino por la forma en que vivimos los ideales de nuestro Rey y Su reino.

Esto es lo que hacen los embajadores. Esto es quienes somos.

Somos los representantes del cielo, enviados aquí con órdenes desde casa para seguirlas. Ir, enseñar y hacer discípulos, tal como Jesús nos ha dicho. Para hacer más discípulos como nosotros, que luego irán y harán discípulos a los demás. Este enfoque general puede y debe permanecer intacto mientras nos dedicamos a las tareas habituales de nuestra vida cotidiana. Nuestras actividades, nuestro trabajo, nuestra organización y nuestro entretenimiento no deben empañar nuestro papel de embajadores. Más bien deben proporcionar una oportunidad orgánica para revelarlo y destacarlo.

Al pensar en las vidas que más han impactado la mía, me asombra la frecuencia con la que he sido inspirada y guiada a un discipulado más profundo por otras personas que seguían el ritmo natural de sus vidas, mientras también mantenían su misión del reino a la vista.

Sí, a veces ha sido por parte de una persona que tenía la intención de buscarme (o que yo los buscara a ellos) con el propósito de invertir en mi crecimiento espiritual. Organizábamos una hora específica para reunirnos, luego nos sentábamos una frente a la otra con las Biblias abiertas, preparándonos en oración para ver en profundidad lo que Dios había dicho en Su Palabra. Luego buscaríamos la guía del Espíritu sobre cómo debía aplicarlo a mi propia vida. Pero en otras ocasiones, el discipulado ha llegado en la forma de un encuentro improvisado con alguien cuya entrega a Cristo fue tan completa que con mucha naturalidad se le salía por los poros su semejanza a Cristo en lo que sea que estuviera haciendo en ese momento. De forma orgánica y de manera continua, pero no menos bíblica, no menos impactante y no menos necesaria para mi propio proceso de maduración.

Algunos de los que me han discipulado han sido personas que sirven a Dios en el ministerio vocacional a tiempo completo, pero muchos de ellos, casi todos, de hecho, son personas que nunca han necesitado un título ministerial formal para sentirse motivados a invertir en mí, para ayudarme (y a muchos otros como yo) a crecer y desarrollarme como un discípulo sincero de Cristo. En cambio, simplemente han tomado en serio Romanos 12:1: «Toma tu vida cotidiana y ordinaria —tu vida al dormir, al comer, al ir al trabajo y al andar por la vida— y ponla delante de Dios como una ofrenda» (traducción de la versión en inglés, *The Message* [El mensaje]).

Me alegra tanto que lo hicieran.

Lynda

Cuando era adolescente, solía acompañar a mis padres en sus viajes ministeriales. Con frecuencia, cuando mi padre estaba programado para predicar en una conferencia, una joven llamada Lynda dirigía la adoración. Era diez o quince años mayor que yo y ya estaba casada. Ciertamente, no necesitaba preocuparse por una adolescente que andaba por ahí. Sin embargo, ella intencionalmente me mantenía cerca suyo durante esas reuniones. Ella me rodeaba con su brazo y me hacía sentir bienvenida para estar a su lado. Me sentaba a su lado. Compartía comidas con ella. Me miraba a los ojos, me hacía preguntas sobre mi vida y se interesaba genuinamente en mis respuestas. La atención que me prestaba cuando era niña me hizo sentir vista y valorada.

Recuerdo una vez estar en el camerino de mujeres con ella, justo antes de que saliera a cantar ante una gran congregación. Estaba embarazada de seis meses de su primer hijo en ese momento y todavía se estaba acostumbrando a tener un vientre que seguía creciendo. Me senté en un banco en la esquina de la habitación con alfombra verde y observé cómo se ajustaba la ropa para prepararse para su participación en el programa de la noche.

Cuando se miró al espejo para terminar de cambiarse, habló con mucha naturalidad de lo importante que era para ella asegurarse de estar completamente cómoda con su ropa antes de salir a ministrar a los demás. No quería que nada incómodo o desajustado la distrajera innecesariamente de concentrarse en guiar a los asistentes hacia la presencia de Dios. Así que se aseguró de que no hubiera nada que tuviera que estar moviendo o ajustando mientras cantaba y compartía.

Observé el detalle con el que se aseguraba de que su ropa fuera modesta y decorosa, femenina pero no llamativa. Porque no solo quería evitar distraerse a sí misma, sino que me dijo que también quería hacer lo mismo por su audiencia. Ellos no estaban allí para verla a *ella*, sino que estaban allí para verlo a *Él*. Si estaban ocupados *observándola*, preocupados de que pudiera tropezar con una falda que era demasiado larga, incómodos por una blusa que era demasiado escotada, o distraídos por un tirante que no se quedaba quieto, su atención no estaría enfocada en *Él*. Habría menos determinación para que se dedicaran a escuchar lo que el Espíritu quisiera decir.

No podría decirte cuántas veces, en todos los años que han pasado, he pensado en ese momento tan especial y aislado de discipulado. Recuerdo claramente cómo ella se esforzaba con calma y determinación para asegurarse de que su ropa fuera adecuada y no distrajera. Ese recuerdo dejó una huella imborrable en mí. Desde entonces, ha guiado mis elecciones con respecto a la moda, especialmente cuando estoy ministrando a otros. Lynda me enseñó en mi adolescencia la importancia de no distraerme con temas personales para poder enfocarme en lo que realmente importa. Cuando estoy frente a una audiencia para compartir las Escrituras, lo que realmente importa no soy yo, sino Él. No quiero que mi vestimenta sea ni *excesiva* ni *inadecuada*, que me cause incomodidad o distraiga a aquellos a quienes sirvo.

Aprendí esto de Lynda, así como muchas otras enseñanzas espirituales importantes durante las veces en que ella y su esposo, Michael, me invitaron a su casa y pasaron tiempo hablando conmigo sobre su vida cotidiana y su amor por el Señor. *Ella me discipuló.*

Kim

Kim era una mujer soltera que trabajaba en una oficina corporativa y llevaba una vida plena e interesante. Compartíamos la misma fecha de cumpleaños, ese fue el vínculo que nos unió en una amistad de años, a pesar de que me llevaba más de una década. De vez en cuando, me sacaba de mis actividades escolares y me invitaba a pasar tiempo juntas, lo que, con el tiempo me he dado cuenta, era en realidad una forma indirecta de discipulado.

Hablábamos de mis problemas de adolescente mientras caminábamos por el centro comercial, íbamos a nadar o visitábamos otros lugares de entretenimiento, como los jardines acuáticos de Fort Worth. En ese momento, pensé que solo éramos amigas, ¡qué genial ser amiga cercana de una mujer adulta como ella! Pero, ahora, en retrospectiva, me doy cuenta de que Kim estaba invirtiendo intencionalmente en mí. Conversábamos sobre la vida, sobre cómo navegaba los aspectos de su carrera y el mundo de las citas siendo que ella era una mujer soltera, increíblemente bella y devota. Ella compartía perspectivas que eran apropiadas para mi edad, me daba buenos consejos para mi vida y me permitía acceder a su mundo. *Ella me discipuló.*

Sra. Echols

La Sra. Echols había sido una exitosa mujer de negocios durante muchos años y también era miembro de nuestra iglesia local por mucho tiempo. Durante mi adolescencia, ella se inscribió para ser líder de un grupo pequeño de jóvenes y luego nos invitó a un grupo de chicas, para ser parte de su vida a través del discipulado.

Esta mujer inteligente y creativa siempre abría su casa a este pequeño grupo de chicas, las cuales nos reuníamos con ella fuera de un entorno normal de escuela dominical, sin toda la formalidad elegante de la iglesia, las aulas y las sillas plegables. Ella pensaba en proyectos interesantes para que los hiciéramos juntas, como cocinar deliciosos platos para la cena o moldear nuestras propias ollas de cerámica mientras nos enseñaba cómo el Espíritu Santo nos estaba moldeando a la imagen de Cristo.

Al dedicarnos tiempo que ella no tenía, tiempo que ciertamente no estaba obligada a dedicar a las jóvenes de su iglesia, fomentó una hermosa amistad entre nosotras, las chicas, en un lugar donde podíamos sentirnos seguras y afirmadas. *Ella me discipuló.*

CeCe

Una vez, mis padres me llevaron a ver en vivo a los hermanos BeBe y CeCe Winans en un concierto. Disfruté cada instante de la noche y me emocioné demasiado cuando supe que nuestra familia había recibido una invitación para una cena después del concierto en la casa de los anfitriones, junto a estos artistas gospel. Nunca había conocido a este dúo dinámico y no podía creer que tendría la oportunidad de estar tan cerca de ellos.

Como te podrás imaginar, quedé completamente deslumbrada. Ahí estaba yo, era tan solo una adolescente y CeCe era la reina indiscutible de la música gospel. Lo primero que llamó mi atención al llegar a la cena fue ver a esta mujer increíble, que acababa de tener hipnotizada a una audiencia de miles de personas por dos horas, agachada en el suelo jugando con sus hijos pequeños. El resto de los adultos siguieron hablando y disfrutando de una velada elegante para adultos hasta que finalmente llegó la hora en la que todos se dirigieran al comedor donde se serviría la cena. Recuerdo que el anfitrión se acercó a CeCe, asegurándole que alguien cuidaría a sus hijos mientras ella venía a comer con los demás.

No sé exactamente lo que respondió o qué razones específicas tenía, pero nunca olvidaré ver a esta madre tomar la decisión de quedarse con sus hijos en el suelo, comiendo con ellos en platos de cartón en lugar de optar por una conversación adulta en torno a hermosos cubiertos de porcelana. La observé de reojo durante toda la noche y notaba la genuina felicidad en su cara por haber decidido pasar tiempo con sus hijos en lugar de cenar con conocidos.

Muchos años después, cuando Jerry y yo comenzamos a viajar con nuestros hijos en busca de oportunidades ministeriales, esta observación casual de CeCe Winans de esa noche se convirtió en una guía para mí. Durante los años de formación de nuestros hijos, mi objetivo principal era tratar de crear tiempo y oportunidades para pasar tiempo intencionalmente con ellos, y yo organizaba nuestro viaje para acomodar eso. Mi objetivo se convirtió en minimizar el tiempo que pasaba separada ellos, asegurándome de que nuestros hijos estuvieran con nosotros tanto como fuera posible. El Señor usó un encuentro con esta talentosa artista musical (y madre devota) para mostrarme que sí se podía lograr. Su compromiso con su familia y su integridad al honrar sus propias prioridades me marcaron. Ella no lo sabía entonces y pasarían muchas décadas hasta que pude decirle que *me discipuló*.

María

María era una mujer que había tenido una carrera exitosa y respetada en televisión. Cuando entré a la universidad para estudiar periodismo, ella me dio consejos prácticos para cultivar una carrera estable que, en este punto de mi vida, en mis veintes, había determinado que sería el camino que seguiría.

Me enseñó a tener aplomo frente a la cámara y a articular mis palabras. Ella me animó a comenzar a mejorar mis habilidades y reforzar mi currículum participando en cualquier proyecto de bajo presupuesto que pudiera encontrar. Ella personalmente fotografió mis primeros retratos, asumiendo el papel de maquilladora y enseñándome todo lo que sabía sobre la importancia de las elecciones de color, la iluminación y el impacto que podría tener una buena fotografía. También me ayudó a prepararme para las audiciones. Cuando mis primeros esfuerzos no resultaron en un trabajo concreto, ella estuvo ahí para animarme a no rendirme, a seguir aprendiendo, incluso de los contratiempos.

Lo mejor de todo es que me contó cómo había navegado por la dura y despiadada industria de los medios de comunicación desde una perspectiva cristiana y cómo había sido capaz de utilizar su influencia y plataforma para demostrar la diferencia que su fe marcaba en el trabajo que hacía. *Ella me discipuló.*

Tammy

Cuando era una esposa y madre joven, quería toda la ayuda que pudiera obtener para aprender a cultivar el tipo de hogar que fuera un santuario para mi esposo y nuestra familia en pleno crecimiento. Siempre me habían sorprendido las habilidades espectaculares que Tammy tenía para construir su hogar. Para ser honesta, no se parecía a nada que alguna vez hubiera visto, ni vería en el futuro.

Así que me emocioné cuando ella estuvo dispuesta a compartir consejos prácticos sobre algunos de los puntos más específicos de las tareas del hogar. Me enviaba a casa con recetas fáciles y deliciosas de hacer (algunas de las cuales todavía uso hasta el día de hoy), así como pequeños consejos que había aprendido a lo largo de los años para decorar usando un centavo. Cuando le mencionaba algunos de los detalles de su casa que me parecían más intrigantes, me dejaba tomarles fotos. Luego me daba instrucciones sobre cómo duplicar lo que tanto amaba de su casa en la mía, de manera rentable.

Pero el talento de Tammy para cocinar y crear platos impresionantes para la mesa no estaba diseñado para ser llamativo ni pretencioso. Ella me enseñó la importancia de crear un espacio donde todos los que cruzaran nuestro umbral pudieran sentir inmediatamente la paz y la presencia de Dios. Ella quería que yo viera la hospitalidad como un regalo, un ministerio, que aumentaba la posibilidad de que las personas experimentaran Su amor y cuidado mientras estaban en nuestro hogar. Incluso me enseñó cómo atender adecuadamente a nuestros invitados al permitirme ser una invitada suya y de su familia durante la noche, solo para mostrarme cómo lo hacía. Tammy me permitió empaparme no solo de su talentosa enseñanza, sino también de su devoción por Cristo para que pudiera tratar de moldear nuestro hogar con el mismo diseño y propósito. *Ella me discipuló.*

Anne

A mediados de mis veintes, cuando el Señor apenas comenzaba a revelar Sus propósitos y planes para mi vida, Anne Graham Lotz generosamente me invitó a viajar con ella por un tiempo, para probar mis habilidades en el ministerio, permitiéndome presentar algunos de sus eventos. Esas experiencias tuvieron un impacto significativo en toda la trayectoria de mi vida.

Estar cerca de ella, y de las otras mujeres que compartían la plataforma con ella, me permitió ver no solo cómo se trataba de proclamar la Palabra de Dios con claridad, precisión, autoridad y pasión a los demás, sino también vivir esa misma vida *fuera* del escenario. Una vida que mostraba el carácter personal y la integridad en el ministerio. Era como una mosca en la pared en esas habitaciones de descanso, con personas como Kay Arthur, Sheila Bailey, Jill Briscoe y otras, presenciando la integridad que modelaban en su conversación y su conducta, en espacios ocultos donde la mayoría de la gente nunca las veía.

Escuchar algunas de esas conversaciones fue una de las experiencias más impactantes de mi vida, ser mentoreada cuando era joven, solo por estar en el mismo lugar. Esos años bajo su ala me enseñaron, más que cualquier otra cosa, que el verdadero ministerio es simplemente la manifestación de una relación auténtica que alguien tiene con Jesús. La Sra. Anne, como todavía la llamo cariñosamente hasta el día de hoy, me ayudó a verlo en la vida real. *Ella me discipuló* y todas estas décadas después, lo sigue haciendo.

John y Trina

Luego están John y Trina Jenkins, la pareja a la que está dedicado este libro. Jerry y yo estábamos en los primeros cinco años de nuestro matrimonio cuando los conocimos. Nunca sabré el porqué, pero los Jenkins eligieron ganarse el cariño de nuestros corazones como una pareja joven. Durante nuestros veinticinco años de matrimonio (¡y contando!), se han preocupado de cuidar de la salud de nuestra familia y ministerio. Nos hacen preguntas difíciles y luego nos exigen respuestas honestas sobre las dinámicas que a menudo no se abordan y que pueden hacer que un matrimonio, una familia y un ministerio implosionen, si se dejan al tiempo y al azar.

Mientras criábamos a nuestros hijos, John y Trina fueron nuestro punto de referencia, dándonos retroalimentación fiel sobre cómo tomar decisiones sólidas en cada etapa de crecimiento en la vida de nuestros hijos. Después de haber criado a seis hijos, cada uno con sus diferentes personalidades, intereses y pasatiempos; su perspectiva y conocimiento ha sido invaluable para nosotros. Nos han invitado a su casa más veces de las que puedo contar y han pasado más horas con nosotros de las que puedo calcular. Nos han dado la oportunidad de ver el hermoso caos de criar una familia mientras se mantiene a Cristo en el centro. Mirando hacia atrás a través de los años, Jerry y yo sabemos con certeza que la estabilidad de nuestra familia a través de los altibajos de nuestras vidas se puede atribuir en gran medida a la influencia e inversión de estos mentores en nosotros.

Nos discipularon.

Podría seguir con más ejemplos como estos. En cada etapa de mi vida, creyentes fieles se han tomado el tiempo para discipularme e invertir en mi madurez. Ellos deliberadamente veían sus propias áreas de trabajo e interés personal como oportunidades para impactar a otros por amor al Señor. Estaban atentos a las personas que Él había colocado a su alrededor de manera orgánica. No ignoraban la mano soberana de Dios al confiarles estratégicamente su plataforma específica luego al hacer que sus caminos se cruzaran con personas específicas.

Para ellos, no había separación entre la parte sagrada de sus vidas y la secular. Comprendieron, como discípulos y embajadores de Cristo, que toda su vida debía reflejar Su naturaleza y subrayar Sus propósitos. Estoy convencida de que no sabían todas las veces que alguien como yo los observaba simplemente en medio de su vida diaria: mostrando integridad, excelencia en su trabajo y obediencia a la voluntad de su Padre, y cómo esto me inspiró, corrigió mi rumbo y me enseñó sobre mi propio camino. El poder de sus testimonios sencillos comunicaba algo sobre Cristo a los demás que ni siquiera una serie de prédicas podría transmitir. No lo hacían por un sueldo. No lo hacían porque la gente lo esperaba. Simplemente se consideraban a sí mismos en misión para Dios dondequiera que Él los hubiera colocado, sabían que eran Sus embajadores activos, preguntándole: «Señor, ¿a quién has puesto cerca de mí hoy que pueda animar a vivir de una manera que te honre?».

Un ejemplo espectacular del tipo de discipulado del que estoy hablando se muestra en la película *La Fragua*, en la que tuve el honor de interpretar el papel de Cynthia, la madre soltera de un joven de diecinueve años llamado Isaías.

Cuando la película empieza, Isaías está desorientado en la vida. Su actitud es áspera e ingrata, su corazón está endurecido y el panorama de su vida parece sombrío. Cynthia está frustrada por su falta de respeto. No siente que él aprecie todo lo que ha tenido que soportar y sacrificar para darle la mejor vida posible. También está desanimada porque reconoce que no importa cuánto haya trabajado o cuán exitosa haya sido como madre para él, nunca ha podido darle a Isaías algunos de los aspectos que solo un padre puede darle. Y nunca podrá hacerlo. Entonces le pide al Señor que traiga figuras paternas sustitutas a su vida, hombres que se interesen por él, que lo guíen. *Que lo discipulen.*

Ahí es donde entra Joshua Moore. Él es básicamente un discípulo disfrazado de hombre de negocios. Aunque es el dueño de una empresa próspera, siempre está atento para identificar a las personas que el Señor podría poner en su camino. Para él, cada encuentro, especialmente con un joven como Isaías, es una oportunidad para el discipulado.

El día en que Isaías llega a su lugar de trabajo solicitando un empleo a medio tiempo, el Sr. Moore se encuentra con él en la recepción. Isaías, sin darse cuenta de que está hablando con su posible empleador, es descortés y maleducado, y sin embargo, el CEO no se desanima, porque reconoce una oportunidad sagrada en este encuentro. Inmediatamente decide ofrecerle un trabajo a Isaías, pero luego va un paso más allá y le pide al joven que se reúna con él unos minutos cada semana antes del trabajo, un compromiso *adicional*. ¿Le interesa a Isaías? La verdad es que no. Pero como necesita el trabajo y necesita el dinero y como estos son los términos que se le han dado, él acepta.

Durante el desayuno con burritos y rollos de canela, el hombre mayor empieza a tener una serie de conversaciones continuas con su joven aprendiz, dándole consejos a Isaías sobre todo, desde su carácter y las opciones universitarias, hasta las finanzas y los asuntos familiares. Lo desafía, lo corrige, lo aconseja. Él le permite ver cómo es estar en el negocio mientras sirve a Jesús con total devoción.

Pronto, la reticencia inicial de Isaías se desvanece. Se siente atraído por este hombre que ha mostrado un interés tan específico por él y que realmente vive los principios bíblicos que enseña. Con el tiempo, la perspectiva y la vida de Isaías se transforman debido a la influencia determinada y piadosa de Joshua. Isaías se convierte en el tipo de aspirante a líder que su mentor –y su Dios– le han estado enseñando a ser.

Esto es discipulado.

Este ejemplo lo deberías seguir tú y yo también. A cada una de nosotras se nos han dado herramientas, experiencias y oportunidades únicas que nos hacen valiosas como discipuladoras. A medida que le entreguemos continuamente toda nuestra vida a Él, descubriremos que cada parte de nuestro viaje y nuestra individualidad es útil para unirnos soberanamente con otros que necesitan influencia y enseñanza piadosa.

Tal vez has vivido la mayor parte de tu vida cristiana bajo la impresión de que rendirte a Él, en primer lugar significa dejar las cosas malas que has estado haciendo, que el gran objetivo de ser cristiana es sacar el pecado de tu vida. Sin duda esa es una parte esencial.

Pero incluso si eso es todo lo que buscas, estás restringiendo lo que Dios quiere hacer con tu vida. Él te ha escogido para que le entregues todo, *para que lo rindas todo*, de manera que todo lo que Él te ha dado para que administres ahora le pertenezca a Él para que lo use, lo bendiga y lo multiplique.

Hay mucho más para ti que simplemente luchar y preocuparte por tus pecados. Tu Padre quiere que prosperes como Su hija, que lleves el fruto que solo Él puede cultivar en ti para que pueda usarlo para alimentar a otros, para que Su reino pueda crecer, para que Sus hijos puedan madurar, para que Su voluntad se haga «como en el cielo, así también en la tierra» (Mt. 6:10).

Ven, trayendo todo.

Ven, trayendo a todos.

Ven, sé Su discípula rendida.

Algunas de mis historias de discipulado favoritas provienen de esos primeros capítulos del libro de los Hechos, cuando el Espíritu Santo descendió con poder sagrado sobre los primeros creyentes en Jesús y la iglesia cristiana recién nacida empezó a echar raíces en el terreno fértil de una fe renovada.

Piensa conmigo en aquella época, cuando los líderes religiosos establecidos de esos tiempos se estaban molestando por el impacto generalizado que este grupo insubordinado, *estos embajadores de Jesús*, estaba teniendo en la comunidad. Lo habían dado todo y estaban animando a otros a hacer lo mismo. Estaban evangelizando. Estaban haciendo nuevos discípulos y el Espíritu les estaba dando poder para hacer un trabajo tan bueno que la cultura de la vieja guardia se sentía amenazada.

Ellos procedieron de acuerdo con lo que creían que era su autoridad, los líderes judíos intentaron cortar el problema de raíz. Arrestaron a Pedro y a Juan, conocidos seguidores de Jesús, que parecían ser los líderes del grupo y los amenazaron con severas consecuencias si no dejaban de decirle a la gente que Jesús había resucitado de entre los muertos, si no le ponían fin a esta expansión alarmante de seguidores que intentaban cambiar el funcionamiento de la religión (ver Hch. 4:1-18).

En realidad, eso es lo que había estado sucediendo. Estos primeros seguidores no solo asistían a las reuniones religiosas habituales; se estaban convirtiendo en discípulos cotidianos, mucho más allá de las limitaciones de la práctica religiosa. Estaban dedicados no solo a la enseñanza de los apóstoles, sino a la «comunión», al «partimiento del pan» (Hch. 2:42), a las interacciones diarias con otros creyentes que invitaban a la fe cristiana para cambiar todo su comportamiento.

Estaban tan comprometidos con la formación de discípulos que hicieron cambios radicales en su estilo de vida para priorizarla, como vender sus posesiones y usar el dinero para atender las necesidades de los demás, sin siquiera considerar su propiedad como algo propio. Estaban dispuestos a renunciar a sus pertenencias materiales para que cada vez más personas pudieran escuchar y ser bendecidas por las buenas nuevas de Jesús.

Bien, se había corrido la voz. El sanedrín judío, después de un largo período de interrogatorios y consultas sobre el preocupante caso de Pedro y Juan, permitió que fueran liberados, pero solo bajo la condición de que no «hablasen ni enseñasen en el nombre de Jesús» (Hch. 4:18). La iglesia, al oír el relato de Pedro y Juan a su regreso a casa, inmediatamente empezó a orar como un solo cuerpo, diciendo: «Señor, mira sus amenazas, y concede a tus siervos que con todo denuedo hablen tu palabra, mientras extiendes tu mano para que se hagan sanidades y señales y prodigios mediante el nombre de tu santo Hijo Jesús» (vv. 29-30).

En ese momento, eran un motor tan lleno del Espíritu y enfocado en la formación de discípulos que nada podía detenerlos en su anhelo de que otros vivieran lo que Cristo había hecho en ellos y lo que Cristo podía hacer en la vida de cada persona que creyera en Él y se convertía en Su discípulo. Nada tenía el poder de disuadirlos de contar

252

Lo rindo todo

esta historia o de estar en un camino común de fe con sus hermanos y hermanas.

¿Miedo? No.

¿Negocio? No.

¿Expectativas de la sociedad? No.

¿Agenda programada? No.

¿Otras prioridades urgentes? No.

¿Demandas cotidianas? No.

¿Intereses personales? No.

¿Opinión pública? No.

Estaban comprometidos a hacer cualquier sacrificio necesario, no solo para que ellos mismos vivieran para Jesús, sino también para alentar e instruir a otros en cómo hacerlo. Estaban determinados a defender a Cristo frente a todos los intentos externos de minimizarlo o menospreciarlo, así como a desafiar toda lógica interna que pusiera en duda o cuestionara la devoción que tenían, sin reservas, hacia Jesús.

Creían en lo que Cristo nos llama a ti y a mí a seguir creyendo. El discipulado significa *todo* de Él, que se involucre con *todo* lo que tenemos y con *todo* lo que hacemos, hasta que todo en nuestra vida esté conformado e impactado por Jesús: la manera en la que pensamos, la manera en la que actuamos, la manera en la que respondemos y nos acercamos a otras personas, la manera en la que presupuestamos nuestro tiempo y tesoros, y la manera en que tomamos nuestras decisiones.

Cuando Sus seguidores del primer siglo hicieron esto, la iglesia creció a pasos agigantados. Los discípulos se multiplicaron. Las personas y las familias se transformaron generacionalmente. El Espíritu de Dios los equipó con tanto poder, confianza y experiencia de primera mano que dejaron de dudar si podían alcanzar a «todas las naciones». Sí, podrían. En Cristo podían. La forma en que Él había elegido hacerlo era a través de la increíble simplicidad de invertir una vida entregada en otra.

Estamos aquí porque ellos lo hicieron. Estamos aquí porque no hay nada que un seguidor de Cristo haya entregado al Señor y se lo haya confiado por completo, que haya renunciado a su control, que no haya terminado multiplicándose exponencialmente en una bendición que dé vida, tanto en el presente como en el futuro.

Ríndelo todo, discípula amada.

Todo lo que eres y todo lo que serás.

Ten la seguridad de que Él mismo regará y aumentará cada semilla que siembres en tu propia vida y en la vida de aquellos a quienes toques. Que las palabras sagradas que la iglesia primitiva oró por los primeros apóstoles en Hechos 4:29-30 nos sostengan en esta vida hasta que lo veamos cara a cara:

> «Señor… concede a tus siervos que con
> todo denuedo hablen tu palabra, mien-
> tras extiendes tu mano para que se hagan

sanidades y señales y prodigios mediante el nombre de tu santo Hijo Jesús».

En el nombre de Jesús.
Aquel que hace que la entrega valga la pena.
Amén.

Lo rindo todo

Así que, somos embajadores en nombre de Cristo,
como si Dios rogase por medio de nosotros;
os rogamos [como representantes de Cristo]
en nombre de Cristo: Reconciliaos con Dios
2 Corintios 5:20.

Haz una lista de las personas cuyos ejemplos te han influenciado más a lo largo de tu vida para la gloria de Dios. ¿Te discipularon directamente o su impacto fue indirecto?

_____

_____

_____

_____

_____

_____

_____

_____

_____

_____

_____

¿Qué experiencias, pasiones, dones y percepción espiritual te ha dado el Señor que te proporcionan un punto de vista único a través del cual Su gloria puede reflejarse a través de ti a los demás?

Pídele al Señor en oración que destaque a varias personas que ya están en tu esfera de influencia. ¿Cómo puedes discipularlas de una manera que sea manejable para tu estilo de vida?

_____

_____

_____

_____

_____

_____

_____

_____

_____

_____

_____

_____

Lecturas adicionales:
Hechos 1:8 • Efesios 4:1-3 • Hebreos 3:12-14

Sobre la autora

La voz de Priscilla Shirer resuena con fuerza y claridad en todo Estados Unidos y el mundo. Ya sea a través de su ministerio de enseñanza, de sus libros y estudios bíblicos más vendidos o en una pantalla de cine, más recientemente en *La Fragua*. Su principal ambición es exaltar a Jesús y equipar a Su pueblo para vivir en victoria. Sus escritos incluyen series sobre personajes bíblicos como *Jonás: Cómo navegar por una vida interrumpida*; *Elías: Fe y fuego*; y *Gedeón: Su debilidad, la fortaleza de Dios*, así como estudios de actualidad como *La armadura de Dios*. También es autora de una serie de aventuras de ficción de cuatro partes llamada The Prince Warriors [Los guerreros del príncipe], así como de títulos galardonados y exitosos como *Oración ferviente* (ECPA Christian Book of the Year [Libro cristiano del año]), *La resolución para mujeres* y *Escucha la voz de Dios*. Ella y su esposo, Jerry, dirigen *Going Beyond Ministries* [Ministerio Yendo más allá] cerca de Dallas, Texas, donde pasan la mayor parte de su tiempo tratando de satisfacer los apetitos de sus tres hijos jóvenes adultos que están creciendo rápidamente.

Notas

1. https://www.bbc.com/culture/article/20220413-onoda-the-man-who-hid-in-the-jungle-for-30-years, consultado el 28 de enero de 2024.

2. Dietrich Bonhoeffer, *El costo del discipulado* (Minneapolis, MN: Fortress, 2015), 50.

3. Elisabeth Elliot, *Be Still My Soul* [Quédate en calma, alma mía], (Grand Rapids, MI: Revell, 2017), 51.

4. C. S. Lewis, *Mero cristianismo* (Nueva York: Macmillan, 1943), 190.

5. Lewis, *Mero* cristianismo.

6. Watchman Nee, *The Normal Christian Life* [La vida cristiana normal], (Wheaton, IL: Tyndale, 1977), 217.

Otros libros de Priscilla Shirer

Uno en un millón: Viaje a tu Tierra Prometida

Jonás: Cómo navegar por una vida interrumpida

La Resolución para Mujeres

God Is Able (Solo disponible en inglés)

Oración ferviente: Un plan de batalla para la oración seria, específica y estratégica. ¡Para la mujer!

Renuévame: 90 días con el Dios que habla

Escucha la voz de Dios

Una joya en Su corona

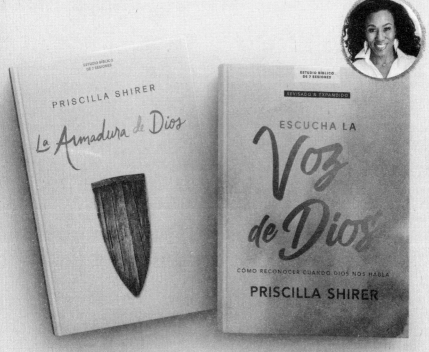

Libros por *Priscilla Shirer* para crecer en tu fe y vida cristiana.

978-1-4300-5523-5 • $8.99   978-1-0877-7319-3 • $8.99

Libros por *Priscilla Shirer* para crecer en tu fe y vida cristiana.

978-1-4336-7577-5
$12.99

978-1-4336-7465-5 • $14.99

978-1-4336-9182-9 • $14.99